Reinhard Körner

Jesus für Kleinbauern
und solche, die es werden wollen

W0041514

Vier-Türme-Verlag

Er war auch einer. Ein Kleinbauer. So wie ich. Genauer gesagt: wie ich einer hätte werden können. Meine bäuerliche Laufbahn endete, als ich vierzehn war – gewollt oder ungewollt, wie man es nimmt. Es war mir ähnlich ergangen wie dem Petrus, dem Andreas und manchem anderen in der Bibel: Jesus hatte sie von ihrer gewohnten Arbeit weggerufen. Sie waren Fischer gewesen von klein auf, und nun sollten sie mit ihm gehen und »Menschenfischer« werden. Von jetzt auf gleich. Mir hatte er immerhin ein paar Jahre Bedenkzeit gegeben. Und einen jüngeren Bruder. »Vielleicht wird der dann mal den Hof übernehmen«, trösteten sich meine Eltern und ließen mich ziehen. Ich ging, wie die Jünger, nicht ganz ohne Zögern. Aber andererseits doch auch wieder gern. Er faszinierte mich einfach, dieser Jesus mit seinen Ansichten von Gott und vom Leben. Dass ich mich auf ihn einließ damals, Theologie studierte und dann Mönch geworden bin, habe ich nie bereut. Nur um das Bauernleben ist es mir ein bisschen leid. Und je älter ich werde – inzwischen sind über vierzig Jahre vergangen –, desto mehr meldet sich in mir diese erste Liebe zurück.

Einmal Bauer, immer Bauer. Bauern kennen das ja: Was du auch draufpfropfst, die Wurzeln bleiben die alten. Leute, die mich näher kennen, sagen: Du läufst wie ein Bauer, du benimmst dich wie ein Bauer, du redest wie ein Bauer ...

Nun ja. – Jedenfalls ist mir der Tag unvergesslich, an dem ich zum ersten Mal in der theologischen Fachliteratur las, auch Jesus stamme aus einer Kleinbauernfamilie. Wie die meisten Leute in Galiläa hätten Maria und Josef und die wenigen Bewohner der kleinen Ansiedlung Nazaret vor allem von der Landwirtschaft, von Kleintierhaltung und Feldarbeit gelebt. Das hat mich beeindruckt!

Gott ist Kleinbauer geworden

Dann hatte Jesus also – wie ich – vom Vater pflügen, säen und mähen gelernt, von der Mutter Unkraut jäten und Garben binden. Dann hatte er schon als Junge Schafe gehütet, Viehställe ausgemistet und Ziegen gemolken. Dann konnte er Gerste von Weizen unterscheiden, sah am Flug der Vögel, ob es sonnig bleiben oder regnen wird, erkannte genau, wann es Zeit ist zu säen und wann es Zeit ist zu ernten ...

Seitdem ich das weiß, lese ich die Bibel anders. Vor allem die Gleichnisse Jesu kann ich seither besser verstehen. Viele dieser Geschichten handeln ja vom ländlichen

Leben. Jesus hat sie Leuten erzählt, von denen die meisten Kleinbauern waren wie er. Und ich wundere mich nun auch nicht mehr, dass es in der Bibel recht seltsame Ungereimtheiten gibt: Die haben Städter da hinein gebracht!

Alle Evangelienschreiber sind doch Stadtmenschen gewesen. Die Großstädte und die quirligen Handelszentren im griechischsprachigen Mittelmeerraum, das war ihre Welt. Nicht das einfache, bodenständige Kleinbauernleben in Israel. Sie konnten gar nicht alles verstehen, was Jesus gesagt hat! Und das hat dazu geführt, dass so einige Schnitzer in die Evangelien geraten sind. Kleinbauern sind sie wahrscheinlich immer schon aufgefallen – nur haben sie sich nicht getraut, das ihrem Pfarrer auch einmal zu sagen!

Mit mir haben mein Vater und meine Mutter des Öfteren über die bäuerlichen Bibelstellen gesprochen. Und mancher andere, der vom Lande stammt, auch, wenn er merkte, dass ich irgendwie noch seinesgleichen bin. Einmal zum Beispiel sprach mich ein älterer Bauer an, als er mich nach einem Vortrag beim Heckeschneiden im Klostergarten wiederfand:

»Was Sie alles machen! Vorträge halten Sie, Bücher schreiben Sie, predigen tun Sie und Hecke schneiden tun Sie auch noch?!«

»Klar«, sagte ich, »die Hecke schneiden, das mach ich sogar besonders gern, ich bin nämlich vom Dorf.«

Na, und dann ging es los:

»Sagen Sie mal, da heißt es doch irgendwo in der Bibel: Was du säst, bringt keine Frucht, wenn es nicht stirbt. Oder so ähnlich.«

»Ja, Paulus, erster Korintherbrief, fünfzehntes Kapitel.«

»Aber das stimmt doch gar nicht. Das Samenkorn stirbt doch nicht, es wächst! Da singen sie immer in der Kirche: ›Das Weizenkorn muss sterben …‹ Das stirbt doch nicht! Würde es sterben in der Erde, also zum Beispiel, wenn die Saat verfault, dann wär' nichts mehr mit Fruchtbringen. Wer, sagen Sie, hat das geschrieben?«

»Es steht im Johannesevangelium und, wie gesagt, ähnlich bei Paulus, im ersten Ko…«

»Na bloß gut, dass ich frage. Wusst' ich's doch, unser Herrgott hat das nicht gesagt!«

Aus solchen Gesprächen habe ich viel gelernt.

Und eines ist mir dadurch immer mehr klar geworden: Es ist tatsächlich so, die Frohbotschaft, die Jesus verkündet hat, ist in die Hände von Städtern gefallen! Von Paulus an, dem frühesten Schreiber des Neuen Testaments. Auch der war ein Stadtmensch durch und durch. Er konnte zwar weben und nähen, wusste viel über Handel und Schifffahrt, kannte sich gut in der städtischen Sport- und Theaterwelt aus und war ein ausgezeichneter, hochgebildeter Theologe. Doch vom Ackerbau – und überhaupt vom Kleinbauernleben – hatte er, tut mir leid, keinen blassen Dunst. Ein Städter eben. Und das hat sich dann so fortgesetzt: bei den

Evangelienschreibern, bei den Bibelübersetzern, bei den Bibelauslegern, bei den Predigern ... Bis in unsere Tage hinein. Wo gibt es denn heute mal einen Bauern unter den Bischöfen, Kardinälen und Bibelgelehrten?

Wir Kleinbauern müssen ran. Die Zeit dafür ist überreif! Bedenken wir: Der Sohn Gottes ist nicht einfach nur Mensch geworden – er ist Kleinbauer geworden! Jedenfalls bevor er, wie Josef auch, als Zimmermann – oder richtiger: als Bauhandwerker – dazuverdienen ging und dann in den Dörfern Galiläas sein Evangelium zu verkünden begann. Das aber heißt: Jesus, unser Bruder, braucht uns, gerade uns! Wir müssen ihm noch einmal zuhören, mit unseren Kleinbauernohren, damit seine Botschaft wieder so verstanden werden kann, wie er sie gemeint hat! Und das ist doch wichtig für uns alle, für die Kleinbauern wie für die Städter – ganz zu schweigen von den Großbauern in Stadt und Land.

Ich habe nicht vor, ein dickes Buch über die Bibel zu schreiben, alle Gleichnisse zu behandeln und jeden einzelnen Schnitzer der Stadtmenschen auszubügeln. Nur ein paar Beispiele will ich bringen, solche, an denen mir selbst klar geworden ist, dass Jesus zu unseresgleichen zuerst gesprochen hat. Sie werden genügen, denke ich, um in Sachen Religion unser Selbstbewusstsein zu stärken und Jesus, den wunderbarsten Kleinbauern der Welt, noch besser verstehen zu lernen. Und wenn der eine oder andere Städter dabei zuhören will, dann kann uns das natürlich nur recht sein.

Ein Gleichnis – und die Moral von der Geschicht'

Kommen wir also gleich zur Sache. Ich beginne mit einem Gleichnis. Es wurde um das Jahr 70, etwa vierzig Jahre nach den Ereignissen um Jesus, aufgeschrieben. Von Markus. Und der war, wie die anderen Bibelschreiber, ein Stadtmensch. Auch die Leute, für die er schrieb, waren Städter: Großstädter in der griechischen Welt, denen das Kleinbauernleben in Galiläa genauso fremd war wie dem Markus selbst. Außerdem war er – das zu wissen, ist ebenfalls nicht unwichtig – persönlich nicht mit dabei, als Jesus seine Gleichnisse erzählte. Er gehörte schon zur zweiten Christengeneration und hatte Jesus auf Erden nicht mehr kennengelernt. Natürlich war er sehr darum bemüht gewesen, alles, was er über Jesus gehört hatte, so gut wie irgend möglich aufzuschreiben, aber er wusste es eben nur aus zweiter Hand.

Das Gleichnis, das ich hier herausgreife, ist Markus zufolge das erste Gleichnis überhaupt, das Jesus erzählt hat. Und es ist – wir wundern uns darüber ja nicht – ein Gleichnis aus dem Landleben! In der Bibel steht es im 4. Kapitel des Markusevangeliums. Dort schildert Markus zunächst die näheren Umstände des Geschehens:

Der Ort der Handlung: *am Ufer des Sees* (was in der Bibel steht, schreibe ich, wie hier, immer in *Schrägschrift*). Gemeint ist der See Gennesaret, auf der Landkarte Israels ziemlich oben im Norden, im Gebiet von Galiläa. Die Situation: *Sehr viele Menschen versammelten sich um ihn* – so, wie es immer oder doch sehr oft gewesen ist, wenn Jesus in erreichbarer Nähe war; die Menschen kamen in Scharen, um ihn zu hören. Die Szene konkret: *Er* (Jesus) *stieg in ein Boot auf dem See und setzte sich; die Leute aber standen am Ufer.* Wenn man nämlich vom Wasser aus spricht, ist am Ufer jedes Wort gut zu verstehen. Das hatte Jesus wahrscheinlich von den Fischern gelernt; ich nehme an, von Petrus, der ihn jetzt vermutlich auch höchstpersönlich in die richtige Position gerudert hat.

Markus vermerkt noch: *Er sprach lange zu ihnen und lehrte sie in Form von Gleichnissen,* und dann kommt das erste Gleichnis. Lesen wir es einmal ganz in Ruhe nach, so wie es Markus aufgeschrieben hat:

Hört! Ein Sämann ging aufs Feld, um zu säen. Als er säte, fiel ein Teil der Körner auf den Weg, und die Vögel kamen und fraßen sie. Ein anderer Teil fiel auf felsigen Boden, wo es nur wenig Erde gab, und ging sofort auf, weil das Erdreich nicht tief war; als aber die Sonne hochstieg, wurde die Saat versengt und verdorrte, weil sie keine Wurzeln hatte. Wieder ein anderer Teil fiel in die Dornen, und die Dornen wuchsen und erstickten die Saat, und sie brachte keine Frucht. Ein anderer Teil schließlich fiel auf guten Boden und brachte Frucht; die Saat ging auf und wuchs empor und trug dreißigfach, ja sechzigfach und hundertfach. Wer Ohren hat zum Hören, der höre!

Soweit das Gleichnis. Und die Moral von der Geschicht'? Jeder von uns – jeder Stadtchrist natürlich auch – kennt sie. Sie wird ja im Gottesdienst immer mit dem Gleichnis zusammen vorgelesen. Bei Markus folgt sie wenige Zeilen nach der Gleichnisgeschichte und lautet so:

Der Sämann sät das Wort. Auf den Weg fällt das Wort bei denen, die es zwar hören, aber sofort kommt der Satan und nimmt das Wort weg, das in sie gesät wurde. Ähnlich ist es bei den Menschen, bei denen das Wort auf felsigen Boden fällt: Sobald sie es hören, nehmen sie es freudig auf; aber sie haben keine Wurzeln, sondern sind unbeständig, und wenn sie dann um des Wortes willen bedrängt oder verfolgt werden, kommen sie sofort zu Fall. Bei anderen fällt das Wort in die Dornen: sie hören es zwar, aber die Sorgen der Welt, der trügerische Reichtum und die Gier nach all den anderen Dingen machen sich breit und ersticken es, und es bringt keine Frucht. Auf guten Boden ist das Wort bei denen gesät, die es hören und aufnehmen und Frucht bringen, dreißigfach, ja sechzigfach und hundertfach.

Die Sache ist also klar. So scheint es jedenfalls. Vier verschiedene Menschenarten – bleibt nur noch, sich im näheren und entfernteren Bekanntenkreis umzusehen und zu fragen: Wer ist wer? Und in der Tat, sie kommen alle vor. In jeder katholischen Pfarrei und in jeder evangelischen Kirchengemeinde oder wo sonst

Christen zusammen sind. In der Verwandtschaft sogar. In unserer heutigen »gottfernen« Gesellschaft sowieso. Wir vom Lande haben einen Blick für solche Leute, für die gute Sorte Menschen, aber selbstverständlich auch für die drei Sorten recht unvollkommener Zeitgenossen. Wir könnten sofort konkrete Namen nennen ... Aber Vorsicht! Dann wären wir dem Markus schon auf den Leim gegangen!

Der Schnitzer des Markus

Als ich einmal in einem Bibelseminar über dieses Gleichnis sprach, sagte ein Mann – und der war aus der Stadt! –, er kenne alle vier Verhaltensweisen gegenüber Gottes Wort auch bei sich selbst. »Mal geht's da rein und da raus«, sagte er, »mal hört man gerührt und betroffen zu, und bald darauf ist alles wieder vergessen. Ein andermal kann das, was man hört, gar nicht landen, denn die Gedanken sind gerade mit sehr wichtigen Dingen beschäftigt. Und manchmal, ja durchaus, da fruchtet's.« Dem konnten wir alle in der Runde aus eigener Erfahrung nur beipflichten. Ein bisschen verlegen freilich, denn irgendwie fühlten wir uns ertappt ... Dann aber sei es, fuhr Herr S. fort, etwas verwunderlich, dass die vier verschiedenen Bodenarten mit vier Sorten von Menschen gleichgesetzt werden. Das sei doch, so drückte er sich aus, »eine Art Schubladendenken«, und das passe gar nicht zu Jesus. Er selbst, sagte er, würde in der Beschaffenheit des Bodens eher Bilder für vier Haltungen sehen wollen, die bei jedem Menschen vorkommen können. Bei jedem. Wie bei ihm ja auch. Ob denn Jesus wirklich so gesprochen hätte ...

Ich traute meinen Ohren nicht. Dieser Mensch hatte den Schnitzer entdeckt, den sich Markus hier geleistet hat! Aber Schritt für Schritt, sagte ich mir, und gab zunächst Auskunft mit dem, was ich als Theologe zu diesem Markus-Text weiß. Einen Städter, so dachte ich, wird das mehr beeindrucken, als wenn ich ihm gleich mit meinem Kleinbauernwissen komme. Also: Schon im 19. Jahrhundert haben Fachleute der Bibelwissenschaft erkannt, so erläuterte ich, dass zwar das Gleichnis von Jesus ist, die Gleichnisdeutung jedoch aus der Feder des Evangelisten stammt. Es handelt sich hier nämlich, sagen die Experten seitdem mit gut begründeten Argumenten, um eine »allegorisierende« Deutung, wie sie Jesus und seinen jüdischen Zeitgenossen im Heiligen Land damals aber fremd gewesen ist. Eine Geschichte allegorisch auszulegen, das ist zu dieser Zeit nur bei den Griechen üblich gewesen. Diese Deutung kann also, so die Fachleute, gar nicht von Jesus sein.

»Stimmt!«, rief Herr S. in die Runde hinein und freute sich wie ein kleiner Bauernjunge, der im Heu einen selten schönen Grashüpfer entdeckt hat. »Das steht ja als Fußnote auch hier in der Bibel!« Er hatte, wie die meisten im Raum, die EINHEITSÜBERSETZUNG in der Hand, die Bibelausgabe, die vor allem in der katholischen Kirche benutzt wird. Die Deutung des Gleichnisses, so heißt es da wörtlich, sei »eine nachträglich allegorische Deutung«. Ganz begeistert las uns Herr S. noch den nächsten Satz vor: »Ursprünglich sind die Gleichnisse Jesu nicht als Allegorien gemeint, die Zug um Zug auf die Wirklichkeit übertragen werden, sondern sie stellen jeweils als ein Ganzes einen Grundgedanken bildhaft dar.« Und tatsächlich: Das hat alle überzeugt.

Nur um Klartext zu reden, habe ich noch hinzugefügt: Markus selbst, vielleicht auch ein anderer Frühchrist, von dem er die Deutung dann übernommen hätte, hat die Menschen in vier Sorten, drei schlechte und eine gute, eingeteilt. Dazu mag er auch durchaus Anlass gehabt haben, wenn er an die Gemeinde dachte, für die er sein Evangelium schrieb. Doch im Sinne Jesu war seine Auslegung sicher nicht.

»Was aber hat dann Jesus selbst mit seinem Gleichnis sagen wollen?«, lautete nun verständlicherweise die Frage meiner Seminarteilnehmer. Da bin ich noch einmal auf die allegorisierende Gleichnisauslegung zurückgekommen: Wie gesagt, diese Art, eine Geschichte zu deuten, war zur Zeit Jesu nicht in Israel, wohl aber im griechischen Kulturraum üblich. Dort, wo auch Markus und seine Mitchristen lebten. Man ging an eine Erzählung heran – vor allem, wenn man ihren Sinn nicht so recht verstehen konnte – wie an ein geheimnisvolles Rätsel. Das galt es zu entschlüsseln. Oder anders ausgedrückt (so habe ich es im Theologiestudium gelernt): Eine Allegorie hat zwei Hälften: eine Bildhälfte, die Erzählung selbst, und eine Sachhälfte, die mit den Bildern gemeinten Realitäten im Leben. Es kommt nun darauf an, die Geschichte zu enträtseln, indem man die einzelnen Bildelemente Zug um Zug auf etwas im realen Leben überträgt. Auf Ereignisse zum Beispiel, auf Orte oder auch auf Menschen. Genau das hat Markus getan.

Markus war ein Grieche, und obendrein ein Städter, wagte ich nun unverblümt zu sagen, und Städter verstehen eben Geschichten von Kleinbauern, wie Jesus einer war, so ohne weiteres nicht.

Ein wenig erschrocken über meinen Mut, blickte ich in die Runde, wohl wissend, dass da fast ausschließlich Stadtmenschen saßen. Doch immer noch schauten mich alle freundlich an. Städter sind großartige Menschen! Einige nickten sogar ganz erfreut, so, als hätte ihnen endlich einmal jemand aus dem Herzen gesprochen.

Markus, fuhr ich also beruhigt fort, spricht nämlich gar nicht von den Jüngern und Jüngerinnen Jesu damals am See, wenn er schreibt: *Als er* (Jesus) *mit seinen Begleitern und mit den Zwölf allein war, fragten sie ihn nach dem Sinn seiner Gleichnisse.* Nein, es war Markus selbst, und es waren seine Stadtleute, die *den Sinn* nicht verstanden! Aber sie wollten verstehen. So wie wir alle hier im Bibelseminar auch. Also »enträtselten« sie das Gleichnis, ganz nach ihrer gewohnten griechischen Art. Und warum auch nicht! Sie hätten aus den vier Bodenarten nur nicht vier Menschenarten machen sollen! Hätten sie darin Bilder für verschiedene menschliche Verhaltensweisen gegenüber dem Wort Gottes gesehen, wäre gegen ihre Rätselauflösung gar nichts einzuwenden.

Und dann fügte ich noch hinzu: Solange es aber immer wieder Menschen wie unseren Herrn S. gibt, die mit Verstand und Herzenskenntnis gerade rücken, was da geschrieben steht, können wir mit diesem Schnitzer des Markus durchaus leben. Wenn wir seine Deutung so verstehen, wie Herr S. sie versteht, ist sie sicherlich auch im Sinne Jesu, des großen Menschenkenners.

Aber zurück zum Gleichnis. Wie es sich mit dem Deutungstext verhält, den Markus hinzugefügt hat, das ist nun aufgeklärt. Doch die Geschichte selbst – was hat Jesus mit ihr sagen wollen?

Unter den Landleuten am See Gennesaret

Gleichnisse, so müssen wir wissen, sind Vergleiche, kürzere oder längere. Oder auch eine ganze Geschichte, eine, die sich wirklich so zugetragen hat, oder eine frei erfundene. Immer aber sind Gleichnisse Vergleiche, die für die Zuhörer verständlich sind. Ohne dass man sie erst erklären und deuten, geschweige denn »enträtseln« müsste. Wenn zum Beispiel eine Bäuerin einem Städter sagt, sie wäre so froh, wenn bald wieder Regen käme, dann wird der sie doch erst einmal anschauen, als sei sie ein miesepetriger Sonnenmuffel. Er selbst hätte ja am liebsten immer »Sonne pur«, wenigstens nach Feierabend und am Wochenende. Also sucht sie schnell nach einem Vergleich, um für ihren sehnlichen Wunsch nach etwas Regen bei ihm Verständnis zu wecken. Nach einem Vergleich natürlich, den er versteht. Sie sagt etwa: »Na weißt du, so lange Zeit kein Regen, das ist wie ... – das ist für unsere Felder und Gärten ungefähr so, wie wenn du kein Geld aufs Konto überwiesen bekommst.« Das versteht er, nehme ich an. Und genauso war es damals am See, und immer, wenn Jesus Gleichnisse erzählte: Seine Vergleiche waren verständlich. Ohne Deutung. Manche freilich erst einmal nur für Kleinbauern.

Da stehen sie also *am Ufer des Sees*, die *vielen Menschen*. Sie kommen aus den umliegenden Ortschaften, aus den Dörfern und kleinen Ansiedlungen Galiläas: Kleinbauern, Schafhirten, kleine Handwerker ...; natürlich auch Tagelöhner, die jeden Morgen von neuem nach Arbeit suchen müssen, denn Großbauern und Weingutbesitzer, bei denen sie sich als fest angestellte Mägde und Knechte hätten verdingen können, gab es zu Jesu Zeiten zwar in Judäa, in Galiläa aber kaum. Viele sind sicherlich aus Kafarnaum gekommen, dem Fischerdorf hier direkt am See, einem Marktflecken im Grenzgebiet nach Osten und Norden hin: Fischer vor allem und Händler, auch Kranke und Behinderte sicherlich und ein paar Zollbeamte; ihrer Herkunft nach sind manche von ihnen vielleicht ebenso Kleinbauern wie der inzwischen zum Bauhandwerker gewordene Jesus aus Nazaret. Auf jeden Fall sind sie alle mit dem Landleben vertraut.

Und ich, Reinhard aus Birkenwerder mit bäuerlicher Herkunft, mische mich einfach mal mitten unter sie. Das ist ein sehr alter Tipp, den ich in Büchern von einigen heiligen oder heiligmäßigen Menschen gelesen habe. Auch meine Ordensmutter Teresa von Ávila zum Beispiel hat es so gemacht. Sie stellte sich im Geist mit unter die Leute, zu denen Jesus sprach – dadurch hat sie besser verstanden, was er damals gesagt hat oder getan hat. Ich mache es also auch so. Vom Boot aus spricht Jesus zu den *vielen Menschen*, und ich bin dabei.

Es ist nicht das erste Mal, muss ich zunächst noch erläutern, dass Jesus vor Menschen steht und ihnen sagt, wie er von Gott und von der Religion denkt, von den sozialen Zuständen im Volk und vom Leben überhaupt. Bei vielen schon hatte er ein offenes Ohr gefunden und mit seinen Worten regelrecht Befreiung und Heilung bewirkt. Aber er hatte auch Ablehnung erfahren müssen, und kürzlich erst, nachdem er einen kranken Mann geheilt hatte, so berichtet Markus, hatten *die Pharisäer zusammen mit den Anhängern des Herodes den Beschluss gefasst, Jesus umzubringen.* Nicht wegen der Heilung, sondern weil er das an einem Sabbat getan hatte – am heiligen Sabbat, an dem man doch ruhen soll und keinerlei Arbeit verrichten darf! Noch dazu in einer Synagoge, vor allen Leuten! Pharisäer haben es nicht gern, wenn einer die Vorschriften nicht beachtet, da können sie fuchsteufelswild werden. Und dieser Vorfall war nicht irgendwo geschehen, nicht irgendwo weit entfernt, sondern unmittelbar in der Nähe, in Kafarnaum. Diejenigen, die Jesus am liebsten umbringen würden, stehen jetzt vielleicht hier mitten unter uns ...

Als seine Angehörigen davon hörten, wie geradeheraus er in der Öffentlichkeit redete, so war ihm überdies zu Ohren gekommen, hätten sie gesagt: *Er ist von Sinnen!* Auch das berichtet Markus. Im Klartext heißt das, sie sagten: »Ist der denn verrückt?!« Wohlgemerkt: Das sagen die Angehörigen! Und zu ihnen gehört auch Maria!

Ich muss noch einmal unterbrechen, um angesichts eines solchen Verhaltens seiner *Angehörigen* wenigstens für Maria um Verständnis zu werben. Mir ist es nämlich mit meiner Mutter einmal ähnlich ergangen. Als sie mich an meiner ersten Kaplansstelle besuchte und predigen gehört hatte, sagte sie zu mir: »Junge, musst du denn so Kritisches reden? Du wirst dir bloß Schwierigkeiten machen! Denk dir doch Deins, aber behalte es für dich!« Mütter sind eben so, sie machen sich nun mal Sorgen um ihre Söhne! Kleinbauernmütter sowieso!

Und tatsächlich hatten sich *seine Mutter und seine Brüder* aus dem etwa 25 Kilometer entfernten Nazaret auf den Weg nach Kafarnaum gemacht, *um ihn mit Gewalt zurückzuholen.* Von all dem schreibt Markus im 2. und 3. Kapitel, unmittelbar vor dem Gleichnis. Die

Situation, die er beschreibt, gehört folglich, wie die Fachleute der Bibelauslegung sagen, zum »Kontext« des Gleichnisses, zum näheren Gesamthintergrund, und den muss man unbedingt beachten, sagen sie, um eine Textstelle richtig verstehen zu können.

Eine brenzlige Situation also für Jesus, äußerst brenzlig! Und er weiß, dass auch die Leute da vor ihm am Ufer das wissen. Gespannt sind ihre Blicke auf ihn gerichtet: Wird er nun doch etwas vorsichtiger reden, etwas diplomatischer wenigstens? Wird er seine schwierige Lage zumindest ansprechen? – Statt Erklärungen abzugeben, erzählt Jesus eine Geschichte. Eine unglaubliche Geschichte,

eine Geschichte zum Kranklachen

– für Kleinbauern jedenfalls und für Leute vom Lande. »Hört her!«, so beginnt Jesus. »Da war einmal ein Bauer ...« Er sagt nicht *Sämann*, wie es in den deutschen Bibelausgaben steht. So gehoben redet kein Kleinbauer. Und nebenbei bemerkt: Jesus hat seine Frohbotschaft natürlich nicht wie ein Pfarrer oder Diakon in feierlichem Kirchenton vorgetragen. Bei seinem »Wortgottesdienst« hier am See hat er beherzt und mit Händen und Füßen geredet!

Also: »Hört her! Da war einmal ein Bauer, der ging Weizen säen ...« Dass er Weizen säte, schreibt Markus zwar nicht, er spricht nur von Getreide allgemein. Aber ich nehme es an, denn Weizen wurde damals in Galiläa am allermeisten angebaut, vor allem hier in der fruchtbaren Gegend direkt am See Gennesaret. Freilich, Gerste wurde auch angebaut – sie war das Brotgetreide vieler armer Menschen in Israel –, aber wohl mehr im Süden des Heiligen Landes. So weiß es jedenfalls ein evangelischer Theologe, der für sein Buch PALÄSTINA ZUR ZEIT JESU – DIE LANDWIRTSCHAFT IN GALILÄA den Doktortitel bekommen hat. Und Getreidearten wie Roggen und Hafer, so schreibt er, kannte man damals im Mittelmeerraum nicht.

Wer sich für die Nachforschungen dieses Gelehrten näher interessiert: Hinten, auf den letzten Seiten, gebe ich immer die genaue Stelle an, wenn ich aus einem Buch zitiere.

»Die Zeit zum Säen war da«, fährt Jesus fort. »Ein paar Wolken zogen auf und kündigten nach dem langen heißen Sommer schon den Beginn der Regenmonate an. Als der Bauer nun säte« – und dabei macht Jesus die Handbewegung, die jeder kennt, der vom Lande ist; aber er holt so weit und so schwungvoll aus, dass das Boot, in dem er steht, ins Schwanken kommt und Petrus alle Mühe hat, die Balance zu halten – »als er nun säte, da fiel ein Teil der Saat auf den Weg«.

»Na, was ist denn das für ein Bauer!«, tuscheln sich zwei Bauern neben mir zu. »Der hat das wohl noch nicht oft gemacht!« Sogar ich – ich habe mich ja in Gedanken mit unter die Zuhörer am Seeufer gestellt –, sogar ich, der seit über vierzig Jahren nicht mehr Getreide gesät hat, weiß, dass der Ackerstreifen an einem Wegrand gesondert eingesät wird, vorsichtig, damit ja nichts vom kostbaren Saatgut auf den Weg fällt. Erst danach, mit dem nun möglichen Abstand vom Feldrand, wird im Breitwurf gesät, wie Jesus es gerade vormacht. Hat dieser Bauer das denn nicht gewusst? Und gleich nach dem Säen wird die Saat unter die Erde gebracht, unbedingt! Damals mit einem Holzpflug, den bei Großbauern die Knechte oder ein Rindergespann zogen und bei Kleinbauern der Kleinbauer selbst und seine Kleinbauernsöhne. Denn was beim Säen auf den Weg gefallen ist, und alles, was nicht sofort untergepflügt wird, das ist für den Bauern verloren. Das weiß doch jeder! Und dieser Bauer weiß es nicht? – »Die Vögel kamen, noch bevor er nach Hause gegangen war«, erzählt Jesus weiter, »und fraßen in seinem Rücken den ganzen guten Weizen fort!« – »Das schadet ihm gar nichts!«, höre ich um mich herum die Leute sagen. Und die Kinder machen, schon belustigt, die emsig pickenden Vögel nach.

»Der Bauer säte und säte« – und wieder macht uns Jesus schwungvoll mit der rechten Hand den Wurf des seltsamen Bauern vor – »und ein Teil der Saat fiel auf felsige Stellen, wo kaum Erde drüber lag ...« Nun sind auch die Erwachsenen in Stimmung geraten: »Der kennt wohl seinen Acker nicht!«, rufen sie sich lachend zu. In der Tat, denke ich mir: Ein Mensch vom Lande, der jedes Korn zu achten gelernt hat, geht doch so mit dem Saatgut nicht um! Mühsam gesät, geerntet, gedroschen, geworfelt und gereinigt – und der hier wirft drauflos, egal wo es hinfällt? Den Frauen und Männern hier am Ufer muss Jesus nicht erst sagen, was mit Saatkörnern geschieht, die auf felsigem Untergrund bestenfalls eine ganz dünne Erdkruste finden. Seinen Stadtleuten hat es Markus, der sich offenbar kundig gemacht hat, dann doch sicherheitshalber erklärt: Die Saat, schreibt er, *ging sofort auf, weil das Erdreich nicht tief war; als aber die Sonne hochstieg, wurde die Saat versengt und verdorrte, weil sie keine Wurzeln hatte.*

Jesus hat inzwischen schon weiter erzählt, und die Kinder können kaum noch vor Lachen, während sie nun den Bauern nachahmen, der wie blind sein Getreide auswirft. »Und er sät und sät und sieht nicht die Disteln, die auf seinem Acker wachsen!« – Hier muss ich klarstellen: Markus hat völlig richtig Disteln geschrieben. Weiß der Kuckuck, warum die ökumenische Gelehrtenkommission, die die EINHEITSÜBERSETZUNG erstellte, das griechische Wort mit »Dornen« wiedergegeben hat! Möglich, dass die Übersetzer dabei ganz allgemein an all die vielen stachligen Wildpflanzen dachten, die auch heute noch das Landschaftsbild Palästinas und Israels prägen; und das wäre ja dann gar nicht so falsch. Disteln jedenfalls sind, so schön sie auch aussehen in ihrer farbenreichen Artenvielfalt, in Israel wirklich eine Plage auf jedem Feld. Da sind unsere Disteln hierzulande gar nichts dagegen! Sobald im Mai, Juni das Getreide gemäht ist – im Mai die Gerste, dann im Juni der Weizen – und der Acker nach dem Unterpflügen der Getreidestoppeln brachliegt, kommen sie hervor und schießen rasch in die Höhe. Bis zu einem Meter groß wird die Mariendistel zum Beispiel mit ihren rosa oder weißen Blütenköpfen. Unter solchen Gewächsen haben Weizenkörner freilich keine Chance.

Das wissen die Leute hier natürlich. Aber jedes Kind weiß auch, dass die Disteln vor der nächsten Aussaat im Oktober oder November ausgestochen werden müssen. Und was sonst noch an »Dornen« wachsen mag auch. Mit ihren Wurzeln selbstverständlich! Getrocknet ist all das Zeug zudem als Brennmaterial ganz gut zu gebrauchen im holzarmen Israel. Und dass der Acker, bevor er wieder neu eingesät wird, gepflügt werden muss, mindestens einmal, wenn nötig sogar zwei- und dreimal, das weiß hier auch jeder – damit man nämlich *nicht in die Dornen sät*, wie schon Jahrhunderte zuvor der Prophet Jeremia gesagt hatte (Jeremia 4,3). Dieser Bauer aber sät drauflos, so scheint es, ohne zuvor gepflügt oder die Disteln und Dornen wenigstens ausgestochen zu haben. Wie viel Ernte geht dadurch verloren! Markus muss das seiner Großstadtgemeinde wieder ausdrücklich erklären: *Die Disteln wuchsen und erstickten die Saat und sie brachte keine Frucht.*

Und nun setzt Jesus zur Pointe an: »Denkt euch, Leute! Einiges von der kostbaren Saat fiel trotzdem so, dass der Ackerboden es aufnehmen konnte. Ein sanfter Dauerregen kam, der langsam und tief in den Boden eindrang. Die Saat in der Erde konnte keimen, und als der Frühling kam, wuchsen die Halme empor. Die Ähren bildeten sich, die Sonne ließ die Körner reifen, und es wurde Juni, die Erntezeit ...« »Na ja«, sagt belustigt ein Mann mit wettergebräuntem Gesicht neben mir: »Einen Sack voll hat er gesät, mehr als einen halben wird der wohl nicht ernten!« Und dann trauen wir alle unseren Ohren nicht: »Mögt ihr's glauben oder nicht«, ruft uns Jesus voll Freude von seinem Boot her zu: »Was aufging, das trug dreißigfach! Ach, was sag ich: sechzigfach! Sogar hundertfach!«

Wer hat die Ähre mit den meisten Körnern?

Für einen Moment scheinen die Leute nicht zu wissen, ob sie staunen oder lachen sollen. Meint Jesus das ernst, oder will er uns einen Bären aufbinden? Mir selbst fällt spontan das Sprichwort ein: »Der dümmste Bauer erntet die größten Kartoffeln!« Etwas unpassend wohl, merke ich, als ich die großen Augen der Kinder sehe. Sie jedenfalls haben sich für das Staunen entschieden ...

Da kommt mir das Spiel »Wer hat die Ähre mit den meisten Körnern?« in den Sinn. Ob die Mädchen und Jungen hier am Seeufer auch daran denken? Meine Schwester und ich, wir saßen oft, während die Eltern den langen Tag lang die Erntearbeiten verrichteten, am Feldrand oder in einer Getreidepuppe und zählten die kleinen Dinger, die so hießen wie unsere Familie. Bei Weizenähren – ich habe es neulich im Sommerurlaub auf dem Land noch einmal nachgeprüft – kamen wir auf fünfunddreißig bis vierzig Körner, bei den mehrzeiligen Gersteähren durchaus, aber selten, auch auf fünfzig. Also fünfunddreißig bis fünfzig, ja. Gut, vielleicht auch mal sechzig. Aber hundert? Ich jedenfalls habe eine solche Ähre noch nicht gesehen! Die Kinder hier wohl auch nicht, denn schon schütteln einige lächelnd den Kopf, als wollten sie sagen: Will der Jesus uns denn veralbern?

Aber vielleicht haben die Kinder und ich Jesus nur missverstanden? Manche Gleichnisausleger sagen, er habe ja gar nicht Ähren mit je dreißig, sechzig oder hundert Körnern gemeint, sondern von einem dreißigfachen, sechzigfachen und hundertfachen Gesamternteertrag gesprochen. Von einem Zentner Saatgut hätte der Bauer also bis zu hundert Zentner Getreide geerntet. Nun, diese Ausleger – Städter! – müssten mal das Buch des erwähnten Theologie-und-Landwirtschaft-Doktors lesen! Der schreibt, dass damals in Galiläa »normalerweise mit dem zehnfachen Ertrag von Weizen und dem fünfzehnfachen von Gerste« gerechnet werden konnte. – Nein, den Gesamtertrag kann Jesus nun wirklich nicht gemeint haben. Scherze hatte er drauf. Aber Bauernlatein nicht.

Andere Gleichnisdeuter sind da schon ernster zu nehmen. Sie sagen, völlig zu Recht, Markus schreibe ja: *Ein Teil* – nämlich nur die Samenkörner, die aufgegangen sind – *trug dreißigfach, ja sechzigfach und hundertfach.* Und das sei doch durchaus möglich, sagen sie, da Gerste- und Weizensämlinge, wenn sich der junge Trieb bestockt, auch zwei oder sogar drei ährentragende Halme bilden können. Dann zumindest wäre ein Ertragsverhältnis von 1:100, also von einem Saatkorn zu hundert geernteten Körnern, in mehreren Ähren zusammen, doch gar nicht so unrealistisch. Bestechende Logik! Jedoch: Diese Rechnung geht nur auf, »falls« – falls! – der aufgekeimte Trieb sich bestockt, schreibt unser Doktor für landwirtschaftliche Theologie. Er hat sich schlau gemacht und weiß sehr gut, dass das Getreidekorn diesen Gefallen dem Bauern damals in Israel nur tat, wenn die Witterungsbedingungen ganz besonders günstig waren. – Immerhin, die meisten Leute hier um mich herum müssen Jesus so verstanden haben.

Umso mehr aber sind sie verblüfft! Keiner von ihnen würde doch so vom Ernteertrag sprechen. Was zählt, ist der Gesamtertrag im Verhältnis zum Ausgesäten! Unser Doktor schreibt, dass selbstverständlich auch in Galiläa der Ernteertrag »nach dem Verhältnis von gesäten zu geernteten Körnern« angegeben wurde. Jesus aber scheint sich darüber zu freuen, dass das bisschen aufgegangene Saat so viel Frucht bringt. Das bisschen – so viel! Und der große, bei diesem Bauern wohl riesengroße Verlust scheint ihn gar nicht zu interessieren! Tatsächlich, Jesus freut sich, dass aus einem einzigen Saatkorn – auch wenn es das einzige wäre, das aufgegangen ist – so viel wachsen kann!

»Na ja, so kann man's natürlich auch sehen«, sagt hinter mir ein Bauer in mittleren Jahren. Irgendwie ist der in diesem Moment, so denke ich bei mir, wieder der kleine Bauernjunge geworden, der mit seinen Geschwistern noch »Wer hat die Ähre mit den meisten Körnern?« spielen kann ...

So bin ich

»Ja, dreißigfach, sechzigfach, hundertfach!«, wiederholt Jesus – und strahlt! Noch immer irritiert, schauen wir den Geschichtenerzähler an. Und als ob er meine, wir hätten nicht richtig gehört, ruft er uns zu: *Wer Ohren hat, der höre!*

Ohren, natürlich habe ich Ohren! Oder – hat er das hintergründig gemeint? Irgendetwas will er uns mit dieser Bauerngeschichte doch sagen ... Und allmählich dämmert's mir. Den Frauen und Männern neben mir auch: Das ist – na klar! –, das ist seine »Erklärung« zu der brenzligen Lage, in der er sich befindet! Das ist seine Antwort auf die Frage, die er in unseren erwartungsvollen Blicken sah: Was er denn nun tun werde angesichts der Ablehnung, die ihm entgegengeschlagen war. Klar, der Bauer, das ist er selbst! Ja, so bin ich, will Jesus uns sagen. In euren Augen, und selbst in den Augen meiner nächsten Verwandtschaft mag ich ja verrückt sein! Na, dann bin ich's eben. Aber was ich zu sagen habe, das säe ich aus, sei's gelegen oder ungelegen! So schwungvoll, wie ich nur kann, und ich kümmere mich nicht ängstlich darum, ob und wo die Saat aufgeht oder nicht! Ich pflüge nicht erst eure Herzen und steche nicht erst die Disteln aus euren Köpfen, ich stecke nicht erst sorgsam die Grenzen ab zu euren festgetretenen Trampelpfaden und prüfe nicht erst, ob ihr auch genug Tiefe habt. Die Zeit ist da, zu sagen, was ich zu sagen habe! Und ich weiß sicher: Was ich aussäe, wird Frucht bringen! Reiche, schier unglaublich reiche Frucht! Weil, was ich aussäe, Wahrheit ist.

Still ist es neben mir geworden. Jeder scheint bewegt von seiner Geschichte. Etwas hat er berührt in uns allen. Keiner schaut um sich, auf die anderen ... Nur ein paar Händler gehen fort, sie ruft das Geschäft.

Nachdenklich lasse ich mich nieder im Ufersand, mit meinem Acker im Herzen. Und die Disteln und Dornen sind da und die eingefahrenen Trampelpfade, auf meinem inneren Acker. Und Beton, härter als Felsgestein noch. Auf meinem Acker. Alles auf demselben Acker ... – Ich möchte bleiben. Viele andere auch.

Er hat einmal gesagt, fällt mir da ein: *Meine Lehre stammt nicht von mir, sondern von dem, der mich gesandt hat* (Johannesevangelium, 7. und 14. Kapitel). Hat er

also, denke ich noch, vielleicht auch Gott selbst mit
seinem »verrückten« Bauern gemeint? – Da spricht er
schon weiter. Ernst jetzt. Leise fast.

Wie's wächst

»Wisst ihr, mit dem Reich Gottes ist es auch wie ...«
Und wieder erzählt er ein Gleichnis. Diesmal nicht eine
selbst ausgedachte Geschichte. Diesmal ist es ein Vergleich aus dem normalen Leben der Kleinbauern und
Landleute, ein Vergleich aus dem Alltag. Und das ist
gut, weiß ich hinterher. Weil wir das Alltägliche sehen
und doch nicht sehen ..., weil wir hören und doch nicht
hören ...

Das muss wohl auch Markus so empfunden haben,
als ihm die Geschichte dann später wiedererzählt wurde.
Denn bevor er dieses zweite Gleichnis niederschreibt,
macht er einen Einschub und gibt Worte Jesu wieder,
die um das rechte Sehen und Hören kreisen. Jesus selbst
hat sie wohl eher bei anderer Gelegenheit, vielleicht
auch in einem anderen Zusammenhang gesagt. Jetzt,
hier am See, will Jesus den Leuten noch einmal sagen –
mit einem weiteren Vergleich –, wie sehr er bei seinem
»Säen« der Kraft Gottes und der Kraft der Wahrheit
vertraut.

Bei Markus lese ich dieses zweite Gleichnis noch
einmal nach. Ich gebe es hier in der Übersetzung Martin

Luthers wieder, damit auch evangelische Kleinbauern das oft schon Gehörte wiedererkennen:

Mit dem Reich Gottes ist es so, wie wenn ein Mensch Samen aufs Land wirft und schläft und aufsteht, Nacht und Tag; und der Same geht auf und wächst – er weiß nicht, wie. Denn von selbst bringt die Erde Frucht, zuerst den Halm, danach die Ähre, danach den vollen Weizen in der Ähre. Wenn sie aber die Frucht gebracht hat, so schickt er alsbald die Sichel hin; die Ernte ist da.

Diese Worte muss man nun wirklich keinem Menschen »enträtseln«. Selbst seinen Städtern muss sie Markus nicht eigens erklären. Von irgendwoher wussten die ja noch, dass das Mehl in ihren Krügen nicht von Aldi persönlich stammt. Und die Bauern hier am Ufer – die meisten haben sich inzwischen niedergesetzt – wissen ohnehin, wovon er spricht. Ja, es ist wie mit der Saat, die sie Jahr für Jahr auf den Feldern aussäen: Was Jesus sagt, das wird »aufgehen«, seine Worte sind Wahrheit, sie haben in sich die Kraft, Frucht zu bringen. Wie von allein ...

Ich denke mit etwas Wehmut an so manchen Sonntagnachmittag zurück, an dem mein Vater mit mir zum Feld fuhr, einfach nur um in Ruhe zu »gucken, wie's wächst«. Hat er daher sein unbändiges Vertrauen ins Leben, das mir schon so oft Mut gegeben hat, ohne dass er große Worte machte? – Wäre ich doch etwas länger noch ein kleiner Kleinbauer geblieben, sinniere ich vor mich hin; vielleicht hätte ich von den Feldern mehr über Gott und das Leben gelernt als aus allen meinen Büchern ...

Noch den Senf dazu

»Oder ... womit kann ich das Reich Gottes noch ver-gleichen?«, höre ich Jesus sagen. »Womit kann ich euch noch beschreiben, was von Gott her im Gange ist?« Und sofort fällt ihm etwas ein: »Nehmt doch den Senf! Ein Samenkorn: So klein! – und was daraus wächst, ist so groß!« Er redet wieder mit Händen und Füßen. Mit Daumen und Zeigefinger zuerst: »... so klein!« Dann springt er auf, sein Boot gerät erneut ins Schaukeln, er stellt sich auf die Zehenspitzen und streckt den Arm weit über seinen Kopf hinaus: »... so groß!« – Der arme Petrus! Das Boot durch einen Sturm rudern, das kriegt er meistens hin. Aber diese spontanen Kundgebungen seines Herrn und Meisters, die bringen ihn ganz schön ins Schwitzen!

Wieder lachen sie alle. Petrus, nachdem er sich und das Boot gefangen hat, auch. Ich, ehrlich gesagt, nicht. Senf, denke ich bei mir, wie sieht der eigentlich aus? Ich kenne ihn aus meiner Jungbauernzeit nur als Mostrich, aufs Wellfleisch oder zur Bockwurst. Ich muss nun doch wieder meine Bücher bemühen, in diesem Fall ein ganz spezielles mit dem Titel Pflanzenwelt der Bibel. Der Autor, ein englischer Botanik-Professor, erläutert darin, dass man damals im Nahen Osten vor allem den Weißen Senf und den Schwarzen Senf kannte. Beide Sorten wuchsen wild und reichlich auch in Israel, schreibt er, und aus den Senfkörnern habe man Speiseöl gewonnen, das obendrein noch heilende Wirkung bei äußeren Wunden und inneren Entzündungen hatte.

Das können wir Kleinbauern von heute freilich nicht wissen! Auch nicht, dass eine Senfpflanze, je nach Art, eineinhalb bis drei Meter hoch wurde. Kein Wunder also, dass Markus für seine Stadtleute ein paar Worte mehr dazu sagen musste. Dabei ging zwar – leider! – der ganze Witz verloren, mit dem Jesus hier am See Gennesaret zum Reich Gottes noch den Senf dazugibt, aber immerhin: Dafür verstehen die Christen, seit zweitausend Jahren nun schon, wenigstens in etwa, was Jesus sagen wollte. Markus schreibt:

Er (Jesus) *sagte: Womit sollen wir das Reich Gottes vergleichen, mit welchem Gleichnis sollen wir es beschreiben? Es gleicht einem Senfkorn. Dieses ist das kleinste von allen Samenkörnern, die man in die Erde sät. Ist es aber gesät, dann geht es auf und wird größer als alle anderen Gewächse und treibt große Zweige, so dass in seinem Schatten die Vögel des Himmels nisten können.*

Größer als alle anderen Gewächse – das ist eine ziemlich ungenaue Formulierung. Sie hat dazu geführt, dass später Matthäus und Lukas, als sie das Gleichnis aus dem Markusevangelium übernahmen, einen *Baum* aus der Senfpflanze machten. Und *das kleinste von allen Samenkörnern* ist das Senfkorn auch nicht. Aber woher soll Markus das wissen, wenn selbst wir uns mit dem Senf nicht so recht auskennen!

Die Leute aus Kafarnaum und aus den Dörfern am See brauchen Erläuterungen nicht. Sie sehen Jesus an und wissen, was er sagen will. Ich weiß es nun auch und kann ihre Freude teilen.

Ja, sag ich mir, so ist es tatsächlich mit der Botschaft Jesu: Was klein – wie klein auch immer – beginnt, wird einmal sehr groß sein. Mag mancher auch daran zweifeln. Mit Wort und Gestik hat Jesus mir Mut gemacht. Der Glaube, den ich in dich hineingelegt habe, sagt er mir, der wird schon wachsen. In dir, Reinhard, und auch in allen Menschen, denen du meine Frohe Botschaft weitererzählst. Du musst an dem Hälmchen, das gerade erst aus dem Boden sprießt, nicht ständig ziehen und zupfen, davon wird es nicht größer! Hab Geduld mit den Leuten – und mit dir. Und vertrau mir.

Die Stunden fliegen nur so dahin. Die Tagelöhner, die Kleinbauern, die Handwerker, die Fischer, die Zollbeamten, die Kranken, sie haben ihm lange zugehört, haben gestaunt und haben gelacht, sind still und nachdenklich geworden, haben neuen Mut geschöpft.

Und ich war unter ihnen. Inzwischen ist es Abend geworden am See. Jesus fährt mit seinen Jüngern *ans andere Ufer hinüber*, schreibt Markus und vermerkt über unser Zusammensein noch: *Durch viele solche Gleichnisse verkündete er ihnen das Wort, so wie sie es aufnehmen konnten.*

Das Herz in der Hosentasche

Die Kleinbauernsprache Jesu versteht jeder – wenn er will. Auch ein Städter. Ich merke das an Herrn S., und ich will an dieser Stelle noch betonen, dass er nicht nur ein Städter, sondern auch ein großer Gelehrter ist. Herr S. kommt seit Jahren immer wieder einmal in unser Kloster und nimmt an meinen Bibelseminaren und Exerzitienkursen teil. Dann sehe ich ihn nach den Vorträgen oft still in der Kirche sitzen. Da denkt er dann über alles nach, was er in den Vorträgen gehört hat. Und dabei stellt er sich vor, so weiß ich von ihm, dass Jesus selbst ihm noch einmal sagt, was ich zuvor aus der Bibel vorgelesen und ein bisschen erläutert hatte. Dann fühlt auch er sich von Jesus direkt angesprochen, und vieles geht ihm mächtig tief zu Herzen.

Zu merken ist das daran, dass er inzwischen auch schon manchmal wie ein Kleinbauer redet, mit ganz einfachen Worten, gar nicht so, wie üblicherweise Universitätsgelehrte reden. Sich einfach ausdrücken kann ja nur einer, der etwas wirklich tief kapiert hat, nicht nur mit dem Verstand, sondern auch mit dem Herzen; und nicht nur mit dem Herzen, sondern auch mit dem Verstand – mit beidem eben.

Den nächsten Seiten dieses Büchleins will ich deshalb ein paar Dinge vorausschicken, die unser Verstand wissen sollte – damit er nämlich den Zugang zum Herzen nicht verstellt. Und damit wirklich Jesus zu uns sprechen kann, nicht die eigenen Vernünfteleien oder die fromme Einbildung gar.

Zunächst: Vier Evangelien sind über Jesus geschrieben worden. Genauer gesagt, vier stehen in der Bibel. Geschrieben wurden damals noch etliche mehr, und auch davon sind einige erhalten geblieben. Doch es war eine kluge Entscheidung der alten Kirchenväter, dass sie für die Bibel nur die vier besten auswählten. Zusammen mit den Briefen des Paulus und anderen wichtigen Glaubensschriften aus der Frühzeit des Christentums wurden sie bald zum Neuen Testament zusammengestellt. Trotzdem, vier Evangelien sind immer noch viel. Hätte nicht eines genügt? Selbstverständlich – wenn es von Jesus persönlich verfasst worden wäre! Aber er hat nun einmal kein Buch geschrieben. Er hat den Leuten von Gott nur erzählt, und er hat ihnen Gott vorgelebt.

Dann ist es aber auch gut so, dass wir in vier Evangelien, nicht nur in einem, davon hören. Wenn uns vier verschiedene Leute zum Beispiel vom Dorffest erzählen, bei dem wir nicht dabei sein konnten, dann können wir uns viel besser ein Bild davon machen, was los gewesen ist auf dem Fest.

Auch die Frauen und Männer aus dem Jüngerkreis – die erste Christengeneration also – haben vor allem mündlich weitergegeben, was sie bei Jesus gehört und was sie mit ihm erlebt hatten. Und nicht nur die Jünger, auch viele andere haben die Frohbotschaft Jesu weitererzählt. Die meisten, zu denen Jesus gesprochen hatte, waren ja Kleinbauern, und dass die weitererzählen, wovon ihnen das Herz voll ist, darauf konnte sich Jesus voll verlassen. Sie waren seine ersten »Evangelisten«. – Manche Leute, die das Schreiben beherrschten, haben dann besonders wichtige Worte von Jesus auch aufgeschrieben. Aber nicht etwa um sie anderen zum Lesen zu geben, sondern um beim Erzählen nichts zu vergessen. Etwas erzählt bekommen ist viel direkter, als es zu lesen. Wenn zum Beispiel bei uns im Dorf der Briefträger kam, hat er die Postkarte nicht einfach in den Briefkasten gesteckt (wir hatten gar keinen!), sondern er hat uns gleich, wenn er zum Hoftor hereinkam, laut zugerufen, was auf der Karte draufstand: »Am Sonntag kommt euch die Oma besuchen!« Das ging viel mehr zu Herzen, als wenn wir es nur gelesen hätten.

Dass dann Christen aus der zweiten Generation, wie Paulus und Markus, und aus der dritten, wie Matthäus, Lukas und die Autoren des Johannesevangeliums, aus dem Weitererzählten und aus den gesammelten Spickzetteln formvollendete Texte machten – die Evangelien und die anderen Schriften des Neuen Testaments –, das ist schon in Ordnung. Was wäre, wenn wir sie nicht hätten?! Wir können dafür nur dankbar sein. Aber wir müssen auch beachten, dass dabei manches an Lebendigkeit verloren gegangen ist. So ist in den Evangelien zum Beispiel kaum noch zu erkennen, mit welch tiefer Traurigkeit in seinen Kleinbauernaugen Jesus die Leute anschauen konnte, wenn er ihnen mal die Leviten lesen musste. Und auch der schelmische, augenzwinkernde Unterton in seinen Worten ist in diesen Texten auf der Strecke geblieben – davon schreibt kein einziger der Evangelisten. Wenn ein Großstadtmensch wie Markus oder Matthäus noch dazu das Kleinbauernleben gar nicht kennt und nicht aus eigener Erfahrung weiß, wie es in einem Dorf zugeht oder beim Ackerbestellen, wie soll der denn dann gemerkt haben, wie viel Witz und Humor in den Gleichnisgeschichten Jesu steckt, die er überliefert bekam? Ist es denn da verwunderlich, dass bis heute so viele Menschen, Städter wie Landleute, regelrecht Angst bekommen bei manchen Bibelstellen? Und dass es manchmal so tierisch ernst zugeht in der Kirche, sobald von etwas Frommem die Rede ist?

Es ist deshalb sehr ratsam, dass wir uns die Schreibe der Evangelisten in die Rede »zurückübersetzen«, in die Kleinbauernsprache Jesu. Ich mache das auch öfter mal so. Dann stelle ich mir vor, wie eine Gleichnisgeschichte sich angehört haben mag, als Jesus selbst sie erzählte. Dabei sind mir schon so manche Lichter aufgegangen.

Und vor allem: Wir dürfen beim Lesen und Hören der Bibeltexte nicht vergessen, dass Jesus, die Leute in Israel und dann später die Evangelisten auch Worte, Bilder und Redewendungen gebrauchten, die zwar damals verständlich waren, es heute aber nicht mehr in jedem Fall sind. Mir ist das einmal an einem Beispiel klar geworden, das mich selbst betraf: Ich ging eines frühen Morgens durch den Wald, der an unser Kloster grenzt. Da raschelte es plötzlich ziemlich dicht neben mir: Wildschweine! Es war in den Jahren, als meine Eltern noch kein Telefon hatten, und ich schrieb ihnen am Wochenende in einem Brief davon. »Da rutschte mir das Herz in die Hosentasche!«, schrieb ich. Und als der Satz auf dem Papier stand, kam mir der Gedanke: Was wäre wohl, wenn diesen Brief jemand in zweitausend Jahren in die Hände bekommt?! Wenn der dann diese Redewendung nicht mehr kennt, was anzunehmen ist, wird er denken: Beim Reinhard Körner ist damals ein Wunder geschehen, sein Herz schlug plötzlich in der Hosentasche weiter … Er hätte damit erstens etwas Falsches verstanden und zweitens nicht verstanden, was ich sagen wollte: Dass ich sehr erschrocken bin. Ein simpler Vergleich, doch er illustriert haargenau, was wir mit der Bibel machen würden, wenn wir die Texte an allen Stellen »wortwörtlich« nähmen: Es käme erstens eine Aussage an, die gar nicht gemeint war, und es käme zweitens die Botschaft nicht an, die der biblische Autor vermitteln wollte.

Wir brauchen also, ich selbst eingeschlossen, da und dort die Hilfe der Fachleute. Die haben sich ja mit den Redewendungen und den Sprach- und Ausdrucksgewohnheiten von damals gründlich beschäftigt und kennen sich da im Allgemeinen ganz gut aus.

Und noch etwas Wichtiges: Jedes der vier Evangelien erzählt ein wenig anders über Jesus. Man kann das gut erkennen, wenn man die Texte in einer SYNOPSE liest. In einem solchen Buch sind nämlich die Evangelien in Spalten nebeneinander abgedruckt. Da sieht man schon auf den ersten Blick, wer was und wer was wie überliefert hat. Man erkennt sofort die Unterschiede. Und die sind manchmal beträchtlich! So beträchtlich, dass man sich in einigen Fällen fragt: Wer hat denn nun recht? – Nehmen wir am besten gleich ein Beispiel:

Der Mann ohne Schlips und Kragen

Im Matthäusevangelium, im 22. Kapitel, steht das Gleichnis vom Hochzeitsmahl. Ein König, so heißt es da, hatte zur Hochzeitsfeier seines Sohnes eingeladen. Als nun an dem Abend, an dem die Trauung und das Festessen stattfinden sollten, alles vorbereitet war, ließ er die *Geladenen* rufen. Die *Geladenen*, schreibt Matthäus. Das waren also Leute, die schon lange vorher eine Einladung bekommen hatten. Sie wussten, an dem und dem Tag ist die Hochzeit, und um die Abendstunde herum wird das Fest beginnen. Nur hatten sie ja keine Armbanduhren, und deshalb ließ ihnen der König, als es soweit war, durch seine Diener sagen: »Jetzt könnt ihr kommen, gleich geht's los mit der Trauung, und das Festessen steht bereit!« Doch: Die Eingeladenen kommen nicht! Sie *wollten* nicht kommen, betont Matthäus, und als der König sie ein zweites Mal bitten lässt, *kümmerten sie sich nicht darum.* Jeder hat gerade jetzt etwas anderes vor. Einige werden sogar böse und bringen die Diener des Königs kurzerhand um. Daraufhin *schickte der König sein Heer, ließ die Mörder töten und ihre Stadt in Schutt und Asche legen.* Das Töten und Stadteinäschern muss sehr schnell gegangen sein, denn es ist immer noch genügend Zeit bis zum Beginn der Feierlichkeiten, sodass der König den Dienern – ein paar waren wohl noch am Leben geblieben – den Auftrag geben kann: *Geht hinaus auf die Straßen und ladet alle, die ihr trefft, zur Hochzeit ein.* Das tun sie dann auch, *und der Festsaal füllte sich mit Gästen.*

Lukas erzählt uns im 14. Kapitel seines Evangeliums dieselbe Geschichte, jedoch liest sie sich bei ihm ein klein wenig anders. Nach seiner Version handelt es sich nicht um eine Hochzeitsfeier, sondern um ein *großes Festmahl.* Statt eines Königs hat ein Mann – oder genauer übersetzt: *jemand* – dazu eingeladen. Als der die Geladenen rufen lässt, haben sie sich inzwischen ein paar Ausreden ausgedacht, aber sie lassen sich immerhin entschuldigen. Der Diener – der *Jemand* hat scheinbar nur einen – wird laut Lukas nicht umgebracht, und als er erfolglos heimkehrt, wird keine Stadt in Schutt und Asche gelegt. Er erhält den Auftrag: *Geh schnell auf die Straßen und Gassen der Stadt und hol die Armen und Krüppel, die Blinden und die Lahmen herbei!* Sie kommen alle, und da immer noch Platz ist, muss der Diener noch einmal los: *Dann geh auf die Landstraßen und vor die Stadt hinaus und nötige die Leute zu kommen, damit mein Haus voll wird!*

Lassen wir die paar feinen Unterschiede vorerst auf sich beruhen. Denn die Geschichte geht ja weiter. Nämlich so:

Als sie (die Leute von der Straße) *sich gesetzt hatten und der König eintrat, um sich die Gäste anzusehen, bemerkte er unter ihnen einen Mann, der kein Hochzeitsgewand anhatte. Er sagte zu ihm: Mein Freund, wie konntest du hier ohne Hochzeitsgewand erscheinen? Darauf wusste der Mann nichts zu sagen. Da befahl der König seinen Dienern: Bindet ihm Hände und Füße, und werft ihn hinaus in die äußerste Finsternis! Dort wird er heulen und mit den Zähnen knirschen.*

Ehrlich gesagt: Diesen Ausgang des Gleichnisses habe ich schon als Kind nicht verstanden. Und auch nicht gutheißen können! Selbst hochkarätige Bibelausleger, so weiß ich heute, hatten hier ihre Schwierigkeiten. Denn ob einer aus der Stadt oder vom Lande stammt – das eine weiß doch jeder, und Männer genauso wie Frauen: Wer von der Arbeit oder von der Straße weg in eine Hochzeitsgesellschaft geholt wird, kann nicht mit Schlips und Kragen oder im Abendkleid erscheinen! Warum aber dann diese Szene? Und diese harte, unmenschliche Strafe?! Da muss doch, so habe ich mir immer schon gedacht, auch allen anderen Gästen jede Festfreude vergangen sein, und den meisten an der Tafel ganz bestimmt auch der Appetit.

Damals, in meiner Kindheit, hörte ich über diese Bibelstelle eine Fastenpredigt, die ein wanderpredigender Pater vor unserer Pfarrgemeinde hielt. »In Andacht Versammelte!«, so begann er, und dann ging es aber los! »Wenn ihr einmal nach dem Sterben bei Gott ankommt«, rief er drohend ins Gottesvolk hinein, »und eure Seelen nicht einwandfrei sauber sind, wird Gott euch in die äußerste Finsternis werfen, und die ganze Ewigkeit lang werdet ihr dort heulen und mit den Zähnen knirschen!« Das hat mir mächtig Angst gemacht. Da tat es richtig gut, dass mir mein Vater und meine Mutter dann zu Hause sagten: »Junge, vor dem lieben Gott braucht man keine Angst zu haben!« Kleinbauern haben ja eine gute Nase dafür, ob etwas wahr ist oder nicht – ganz egal, wer es sagt.

Ähnliche Predigten müssen auch viele andere Christen gehört haben. Katholische wie evangelische. In manchen, so weiß ich inzwischen aus dreißigjähriger Seelsorgeerfahrung, steckt noch, wenn sie schon alt und grau geworden sind, die Angst vor Gott. Selbst junge Leute, auch heute noch, kommen manchmal ganz durcheinander in ihren Seelen, wenn ihnen ihr Pfarrer oder ihre Pastorin in der Predigt mit dem Strafgericht Gottes droht. Und natürlich ist es allein schon diese Bibelstelle, die den Menschen Angst machen kann.

Evangelische Christen kennen das *Zähneknirschen* übrigens als *Zähneklappern*. Das liegt an Martin Luther, der bekanntlich immer »den Leuten aufs Maul geschaut hat« und für seine Bibelübersetzung – wenn schon, denn schon – die geräuschvollere Variante des Zähneknirschens bevorzugte. (In evangelischen Kreisen wird auch erzählt, da sei einmal ein Pastor gewesen, der in der Predigt so beeindruckend mit dem Zähneklappern in der Hölle gedroht hätte, dass ihn einer mit dem Einwand unterbrochen habe: »Aber wenn wir gestorben sind, haben wir doch keine Zähne mehr!« Darauf der Pastor: »Für Zähne wird dann schon gesorgt!«)

Doch zurück zu Matthäus. Achtung! Wir sprachen von den Unterschieden, die man da und dort zwischen den Überlieferungen der einzelnen Evangelisten bemerken kann. Hier liegt ein solcher vor. Ein ganz beträchtlicher! Denn an dieser Stelle des Gleichnisses ist in meiner SYNOPSE in der Lukasspalte eine Lücke. Nur bei Matthäus steht das mit dem Mann ohne Schlips und Kragen! – Und da drängt sich doch jedem Mitdenker und jeder Mitdenkerin eine Frage auf: Hat Jesus das mit dem Hochzeitsgewand und den Zahngeräuschen überhaupt erzählt? Wenn dieser Teil bei Lukas fehlt – wer gibt dann das Gleichnis Jesu richtig wieder, Lukas oder Matthäus?

Ein paar wichtige Hilfen zur Beantwortung dieser höchst interessanten Frage geben uns die Fachleute.

Matthäus unter Verdacht

Zunächst: Die Experten kennen das Gleichnis noch in einer dritten Version. Es steht nämlich auch im sogenannten THOMASEVANGELIUM, einer der vielen anderen Schriften aus frühchristlicher Zeit (sie wurde vollständig erst nach dem Zweiten Weltkrieg in Ägypten wieder aufgefunden). Und in dieser Schrift endet das Gleichnis so wie bei Lukas: Von einem Mann ohne Festgewand ist nicht die Rede! Vom Zähneknirschen auch nicht. Auch nicht vom Hinauswurf in die äußerste Finsternis. Übrigens auch nicht vom Mord an den Dienern und von der Bestrafung der Mörder durch Tötung und Stadteinäschern. Und das lässt doch einen bestimmten Verdacht aufkommen ...

Aber hören wir die Fachleute weiter: Auch jüdische Theologen – die haben uns nämlich in den vergangenen Jahrzehnten schon in so mancher Hinsicht auf die Sprünge geholfen. Eine Geschichte von Gästen, die bei einem Festmahl ohne anständige Kleidung erscheinen, ist, so sagen sie, auch im Judentum bekannt. Sie steht

sogar im TALMUD, der wichtigsten jüdischen Glaubensschrift neben der (alttestamentlichen) Bibel, und sie will
dem Gläubigen sagen: Wie du Menschen gegenüber
auf Anstand achtest, so musst du auch Gott gegenüber
den Anstand wahren! Eine Mahnung, die natürlich
auch für Christen wichtig ist – das hat Matthäus
schon richtig gesehen! Kleinbauern hätte er das freilich
nicht erst sagen müssen. Es war bei uns zu Hause
immer selbstverständlich, dass wir, vom Vater bis zum
kleinen Bruder, zum Gottesdienst die Sonntagssachen
anzogen (und hinterher sofort wieder aus). Genauso
selbstverständlich war es, dass wir uns alle, auch wir
Kinder, in der Kirche ordentlich benahmen. Während
der Predigt umherflitzen, bei der Wandlung anderen
Kindern das neue Rennauto vorführen oder in die
Stille hinein laut Kekse schmatzen – das kam damals
nicht vor. Bei einer Kleinbauernmutter nicht. Und
dieser äußerliche Anstand hat natürlich auch aufs Innere
abgefärbt: Kleinbauern wissen würdevoll und in heili-
gem Ernst mit Gott umzugehen.

Von einem angedrohten Heulen und Zähneklappern
in der äußersten Finsternis ist allerdings auch in diesem
jüdischen Gleichnis nicht die Rede. Der Hausherr, ein
König (!), bestraft die schlecht gekleideten Anstandslo-
sen lediglich damit, dass sie beim Mahl stehen und den
anderen beim Essen zuschauen müssen.

Der TALMUD schreibt die Geschichte einem Rabbi
zu, der um das Jahr 80 lehrte – also fünf Jahrzehnte

nach (!) Jesus und zirka ein Jahrzehnt, bevor Matthäus sein Evangelium schrieb. Das erhärtet unseren Verdacht: Matthäus war es! Und so ist es in der Tat. Matthäus selbst, so sagen die Experten seit langem, hat dem Gleichnis Jesu die Sache mit dem Hochzeitsgewand hinzugefügt. Als Mitglied einer Christengemeinde in Syrien, die aus einer jüdischen Auslandsgemeinde hervorgegangen war, wird dem Matthäus die Geschichte des damals sehr berühmten Rabbi bekannt geworden sein. Und wenn er auf seine Mitchristen schaute, muss er, wenn er an den einen oder anderen dachte, wohl Grund gehabt haben, die Festgewandmahnung auch bei ihnen anzubringen. Die Gelegenheit dazu war ja günstig: Beide Gleichnisse, das von Jesus und das vom Rabbi, spielten bei einem Festmahl; beide Geschichten ließen sich also gut kombinieren.

Um dem Ganzen eine Einheit zu geben, hat sich Matthäus gleich von Anfang an für den König (statt: *jemand*) entschieden. Er konnte nur froh sein, dass er keinen aufgeweckten Kleinbauern unter seinen Leuten hatte. Denn der hätte ihn beim Vorlesen seines Evangeliums ja sofort unterbrochen und gefragt: »Aber woher hatten denn all die anderen, die von der Straße kamen, so schnell Abendkleid und Schlips und Kragen her?« – Tatsächlich gab es später einige Bibelausleger, die die Meinung in Umlauf brachten, der König habe den von der Straße Geholten ein Hochzeitsgewand überreichen lassen, und der eine hätte es ausgeschlagen. (»Für Zähne

wird gesorgt!«) Von Jesus jedenfalls stammt die Hochzeitsgewandgeschichte nicht. Und das Morden, Töten
und Stadteinäschern, wie wir gleich sehen werden, auch
nicht.

Wenn du die Einladung doch annehmen würdest!

Zwei Versionen desselben Gleichnisses. Das THOMAS-
EVANGELIUM mit hinzugenommen, sogar drei. Aber wenn
wir einmal vom Schlussteil absehen, den Matthäus selbst
drangehängt hat, und auch die Unterschiede im ersten
Teil beiseite lassen, dann ist der Grundgehalt in allen drei
Versionen doch ziemlich gleich: Jemand hat zu seinem
Festmahl Gäste eingeladen; die Geladenen wollen nicht
kommen, aber die Leute »von der Straße« kommen gern
und nehmen an der Feier teil. Das dürfte der Haupt-
inhalt der Geschichte gewesen sein, die Jesus den Leuten
erzählte.

Was er ihnen damit sagen wollte? Nun, bevor auch
wir herumrätseln und dabei vielleicht mehr hineinlesen
als herauslesen, schauen wir uns doch die Leute erst
einmal genauer an. Die Leute, denen Jesus die Geschichte
erzählt hat, meine ich.

Das sind bei Matthäus (siehe Kapitel 21, Vers 23) *die
Hohenpriester und die Ältesten des Volkes*. Jesus begegnet
ihnen auf dem Tempelplatz in Jerusalem, als er *dort
lehrte*. – Ob wir dem Matthäus das glauben dürfen?

Lukas erzählt uns da nämlich wieder etwas ganz anderes: Seinem Evangelium nach (siehe Kapitel 14, ab Vers 1) befand sich Jesus, als er vom Festmahl sprach, *im Haus eines führenden Pharisäers*. Dort war er an einem Sabbat *zum Essen* – zu einem Mahl also! – eingeladen. Anwesend sind *Gesetzeslehrer und Pharisäer*, alles recht handverlesene Leute, und die rangeln sich gerade um *die Ehrenplätze* am Tisch. Außerdem erzählt Lukas von einem Gespräch zwischen Jesus und dem Hausherrn. Denn Jesus hat zu dieser ehrwürdigen Gesellschaft seine eigene Meinung, und mit der hält der Kleinbauer aus Nazaret nicht hinterm Berg: *Wenn du mittags oder abends ein Essen gibst*, sagt er seinem Gastgeber, *so lade nicht deine Freunde oder deine Brüder, deine Verwandten oder reiche Nachbarn ein ... Nein, wenn du ein Essen gibst, dann lade Arme, Krüppel, Lahme und Blinde ein ...* Das muss einer neben ihm gehört haben, und der sagt daraufhin zu Jesus: *Selig, wer im Reich Gottes am Mahl teilnehmen darf.* – Und jetzt, genau jetzt folgt das Gleichnis. Lukas schreibt gleich im nächsten Satz: *Jesus sagte zu ihm: Ein Mann veranstaltete ein großes Festmahl ...*

Da glaube ich doch wieder eher dem Lukas als dem Matthäus. Denn auf dem Hintergrund seiner Situationsschilderung bekommt das Gleichnis ja auch sofort einen Sinn! Jedenfalls wenn ich versuche, mich einmal in den Gast neben Jesus einzufühlen. Das ist übrigens auch so ein Tipp, den ich schon mehrfach bei großen Heiligen gelesen habe: Man soll sich in die einzelnen Personen, von denen die Bibel spricht, einmal selbst hineinversetzen, hinter ihre Worte horchen, in ihre Köpfe und Herzen hinein; dann versteht man manches gleich viel besser. Also: Was meint der Gast neben Jesus, wenn er zu ihm sagt: »Selig, wer im Reich Gottes am Mahl teilnehmen darf!«?

Wenn er Jesus auch nur ein bisschen kennt oder wenigstens ein bisschen was über ihn gehört hat, dann weiß er, dass Jesus es selbst genauso macht, wie er es dem Hausherrn sagt: Jesus lud nie nur Leute von Rang und Namen ein, wenn er mit anderen Mahl hielt – da waren immer auch »Arme, Krüppel, Lahme und Blinde« dabei. Lukas erzählt ja an anderer Stelle sehr deutlich davon (wir kommen darauf noch zurück): *Alle Zöllner und Sünder kamen zu ihm, um ihn zu hören. Die Pharisäer und die Schriftgelehrten empörten sich darüber und sagten: Er gibt sich mit Sündern ab und isst sogar mit ihnen.*

Der Mann, selbst ein Pharisäer, weiß also Bescheid über Jesus und seine »Mahlpraxis«. Der Mann weiß dann wohl auch, dass ein solches Beisammensein mit Hinz und Kunz für Jesus immer wie »Reich Gottes jetzt schon« ist. Er weiß, dass Jesus damit zeigt, wie Gott selbst die Menschen sieht: Alle, egal ob ehrwürdig, hochwürdig, nichtswürdig oder merkwürdig, sind für ihn würdige Menschen – würdig, in sein Gottesreich eingeladen zu werden. Und irgendwo in einer Ecke seines Herzens muss der Mann auch gespürt haben, dass Jesus recht hat mit dieser Sicht von Gott und von der Würde des Menschen. Mit seiner Bemerkung ihm gegenüber will er dann, so verstehe ich ihn, wohl sagen: »Wie froh, wie glücklich können die sein, die mit dir zusammen sind! Schade, dass ich nicht mit dabei sein kann ...« Ja, vielleicht denkt er sogar: »Wenn ich doch auch so glauben könnte wie du!« – Und genau darauf gibt ihm Jesus mit seinem Gleichnis die Antwort:

»Weißt du«, hör ich Jesus zu ihm sagen, »das ist so, wie wenn jemand zu einem Festmahl eingeladen hat. Da gibt es Leute, die sind eingeladen und haben die Einladung schon lange erhalten – doch sie wollen nicht kommen, jeder hat seine Ausrede. Was soll denn der Gastgeber dann machen? Holt er aber *die Armen und die Krüppel, die Blinden und die Lahmen,* die Leute *von den Straßen und Gassen der Stadt* – sie werden kommen!«

Wenn der gute Mann auch nur einen Funken Ehrlichkeit in sich hatte, dann wusste er, dass er selbst auch so einer ist wie die Eingeladenen, die immer eine Ausrede haben ... Dann wusste er auch, dass Jesus ihm sagen wollte: »Eingeladen ins Reich Gottes bist auch du! Wenn du die Einladung doch annehmen würdest ...!«

Wenn ich mir das alles nun noch theologisch durchdenke, dann bestätigt sich diese Deutung. Jesus spricht ja hier, wie in jedem seiner Gleichnisse, vom Reich Gottes. Und immer, wenn Jesus »Reich Gottes« sagt, meint er nicht etwas Fernes, das erst nach unserem Sterben beginnt, sondern etwas, das jetzt schon begonnen hat und jetzt schon da ist (und dann nach unserem Sterben, in Gottes Ewigkeit, vollendet da sein wird). Er hat ja einmal gesagt: *Das Reich Gottes ist mitten unter euch!* (Lukas, 17. Kapitel) Das trifft auch für das Gleichnis vom Festmahl zu. Auch in diesem Gleichnis, so sagen die Bibelfachleute, geht es Jesus nicht um die Frage, wer in den Himmel kommt und wer nicht. Es geht ihm um das Jetzt: Wer findet jetzt ins Reich Gottes – und wer kann jetzt nicht hineinfinden, obwohl er doch eingeladen worden ist.

Der Sinn ist dann auch für unser Leben heute klar. Man braucht ja nur die Augen aufzumachen und sich die lieben Mitmenschen anzusehen: Immer haben sie gerade etwas anderes vor, wenn es um das Reich Gottes geht. Etwas ganz Wichtiges natürlich ... Und immer wollen sie lieber bei ihren angelernten und gewohnten Denk- und Verhaltensweisen bleiben, als Gott die Liebe zu glauben, die er zu ihnen und zu allen Menschen hat. – Wir dürfen, wenn wir das Gleichnis so auf unsere Zeit übertragen, allerdings Herrn S. nicht vergessen. Der würde nämlich zuerst darüber nachdenken, ob nicht auch das eigene Herz nach Ausreden sucht, wenn Gott einlädt, ihm zu vertrauen und größer von ihm und den Menschen zu denken.

Und nun ist mir auch klar, warum Matthäus das Gleichnis so anders wiedergibt, und warum er schreibt, Jesus habe es auf dem Tempelplatz in Jerusalem erzählt, gerichtet an *die Hohenpriester und die Ältesten des Volkes*.

Der Grund ist der: Auch Matthäus wollte den Christen in seiner Gemeinde gleich beim Erzählen klarmachen, wer gemeint ist. Nur hatte er dazu seine eigene Meinung. Er hat die Festmahlgeschichte Jesu so umgeformt, dass alle gleich wissen sollten: Die Erstgeladenen, das sind die religiösen Oberhäupter des jüdischen Volkes; denn die haben, so jedenfalls sieht es Matthäus, die Einladung Jesu ins Reich Gottes nicht angenommen. Die Diener, das sind die Apostel und die frühchristlichen Verkünder des Evangeliums; von denen wurden ja in der Tat so manche – wie Stephanus zum Beispiel – auf Betreiben der religiösen Führungsschicht umgebracht. Die Leute von der Straße, die die Einladung ins Reich Gottes angenommen haben, das sind – selbstverständlich – die Christen.

Und das mit dem Töten und Stadteinäschern klärt sich nun auch auf: Mit der Stadt, in der die Mörder wohnen, ist Jerusalem gemeint. Dass Jerusalem inzwischen, im Jahre 70, also zirka zwanzig Jahre vor der Niederschrift des Matthäusevangeliums, von den Römern *in Schutt und Asche* gelegt worden war, das deutet Matthäus als Strafe Gottes für das Verhalten dieser Jerusalemer Oberschicht.

Da frage ich mich schon: Glaubt Matthäus wirklich, dass Gott zur Peitsche greift, wenn die Gotteskinder auf Erden nicht spuren? Dann hätte er das Gleichnis Jesu wohl nicht so ganz richtig verstanden. – Oder meinte er mit seiner deutlichen Anspielung auf die Zerstörung

Jerusalems gar keine Strafe Gottes, sondern dass sich *die Hohenpriester und Ältesten des Volkes* das alles selbst eingebrockt haben? Dass sie so großes Leid über ihr Volk brachten, weil sie für die Mahnung Jesu zur gewaltlosen Auseinandersetzung mit den Römern kein Ohr und kein Verständnis gehabt hatten? Auch dafür spricht vieles, sagen heute die Bibelgelehrten.

Warten wir also ab mit unserem Urteil über Matthäus; wir sind ja gerade erst dabei, ihm auf die Schliche zu kommen ...

U. A. w. g.

Kehren wir vorerst noch einmal zu den Ausreden zurück. Es ist schon interessant, was sich die Eingeladenen da alles haben einfallen lassen! Bei Lukas können wir das in einer ruhigen Minute selbst nachlesen. Dort finden wir eine richtige kleine Ideensammlung für Ausreden, falls wir einmal welche brauchen.

Besonders interessant sind aber auch die Ausreden, die in der dritten Version des Gleichnisses, im THOMAS-EVANGELIUM, vorgebracht werden. Dort muss sich der eine unbedingt mit Kaufleuten treffen, um mit ihnen über seine Geldanlagen zu konferieren; der andere hat ein Haus gekauft und muss sofort hin, um nach dem Rechten zu sehen; ein dritter konnte ein ganzes Landgut erwerben und macht sich gerade auf den Weg, um den Vertrag abzuschließen, und ein vierter hat die Hochzeitsfeierlichkeiten eines Freundes zu organisieren. Ich bin mir ganz sicher: Das sind nicht Ausreden, wie sie Kleinbauern einfallen! Jedenfalls würde sie ihnen sowieso keiner glauben. Und nicht weniger interessant ist der Schlusssatz. Sagt der Hausherr bei Lukas: *Keiner von denen, die eingeladen waren, wird an meinem Mahl teilnehmen*, so heißt es im THOMASEVANGELIUM: »Kaufleute und Händler werden die Räume meines Vaters nicht betreten.« Das gefällt mir! Kaufleute und Händler waren es also, die die Einladung ausgeschlagen haben!

Aber bedenken wir: »Kaufleute und Händler«, das sind doch ganz offensichtlich nicht einfach nur Berufsbezeichnungen. Hier sind Leute gemeint, die immer nur ihre Geschäfte im Kopf haben! Es wird also von einer bestimmten Einstellung gesprochen. Genauso wie wir eine Einstellung meinen, wenn wir zum Beispiel von »Großbauern« sprechen. Und von solchen »Kaufleuten und Händlern« sagt Jesus nicht, sie »dürfen« nicht, sondern – nach Lukas wie nach dem THOMASEVANGELIUM – sie *werden* nicht ins Reich Gottes kommen. Er sagt also nicht, dass sie bestraft würden, sondern dass sie ins Reich Gottes nicht hineinfinden können. Nicht können! Weil sie nämlich mit ihrer Geschäftemachermentalität den Blick nicht frei haben für die wirklich wichtigen Dinge im Jetzt des Lebens – und für das Reich Gottes erst recht nicht. Und weil sie, wenn sie sich tatsächlich einmal Zeit nehmen für Gott, mit ihm ihren Kuhhandel machen, so, wie sie es eben auch sonst gewohnt sind. Die haben ja gar kein Auge und Ohr dafür, worum es im Reich Gottes überhaupt geht! Nein, die können nicht ins Reich Gottes finden. Jedenfalls solange sie nicht doch noch die Kurve kriegen und – wir wissen schon – »Kleinbauern« werden.

Übrigens, solchen »Kaufleuten und Händlern« könnten wir das Gleichnis vom Festmahl mit nur vier Buchstaben und vier Punkten aufschreiben. Das zu lesen kostet sie dann rein gar nichts von ihrer so knappen Zeit! Wir sollten allerdings oben auf dem Blatt vermerken (am besten mit Großbuchstaben): »POST VON GOTT«, damit sie nicht denken, es schreibt ihnen ein Geschäftskollege. Und ihre genaue Adresse sollten wir auch draufsetzen, mit dem Vermerk »persönlich!«, damit sie den Brief nicht der Sekretärin hinschieben oder gleich zu den Akten legen. Schön groß und leserlich schreiben wir dann: »U. A. w. g.« Was das bedeutet? Ach, das wissen die schon! Sie selbst schreiben es ja in ihre wichtigen Geschäftsbriefe hinein, meistens in die letzte Zeile, bevor sie dann noch »MfG« schreiben (was wohl »Mit freundlichen Grüßen« heißen soll) und ihre Unterschrift darunter setzen. Unter Kleinbauern weiß freilich nicht jeder, was »U. A. w. g.« bedeutet. Ich musste es mir auch erst erklären lassen. Es heißt: »Um Antwort wird gebeten.«

Genau das hat Jesus mit der Festmahlgeschichte seinem Tischnachbarn gesagt! Bloß nicht so geschäftsmäßig mit nur vier Buchstaben und vier Punkten, sondern indem er ihn anschaute mit seinen Kleinbauernaugen, wie Gott ihn anschaut, tieftraurig! »Auch du bist eingeladen«, hat er ihm gesagt; »wenn du doch antworten würdest ...«

Jesus hat das Gleichnis vom Festmahl also nicht erzählt, damit man vor Gott Angst bekommt. Und um anderen damit Angst zu machen, dazu ist es schon gleich gar nicht gedacht. Mein Vater und meine Mutter sagten mir damals nach der erwähnten Fastenpredigt: »Angst haben muss man höchstens vor manchen Menschen!« Und ich bin mir hundertprozentig sicher, Herr S. hätte sofort ergänzt: »Manchmal kann man auch Angst bekommen vor sich selbst ...«

Aber noch einmal zurück zum Zähneknirschen. Es gehört zwar nicht zum Festmahlgleichnis, wie Jesus es erzählte. Es gehörte auch nicht zur jüdischen Geschichte vom rechten Hochzeitsgewand, die Matthäus an das Gleichnis angefügt hat. Aber es steht nun mal in der Bibel. Und nicht nur einmal! Deshalb will ich doch noch

Näheres zum Heulen und Zähneknirschen

sagen. Die Bibelexperten weisen uns nämlich darauf hin, dass sich diese bedrohlich klingenden Worte im gesamten Neuen Testament überhaupt nur bei Matthäus finden. Mit einer Ausnahme. Einmal kommt das Heulen und Zähneknirschen auch bei Lukas vor. Im 13. Kapitel sagt dort Jesus an einer Stelle, wiedergegeben nach der EINHEITSÜBERSETZUNG:

Da werdet ihr heulen und mit den Zähnen knirschen, wenn ihr seht, dass Abraham, Isaak und Jakob und alle Propheten im Reich Gottes sind, ihr selbst aber ausgeschlossen seid. Und man wird von Osten und Westen und von Norden und Süden kommen und im Reich Gottes zu Tisch sitzen.

Gemeint ist in diesem Fall tatsächlich das vollendete Reich Gottes, das himmlische Festmahl. Denn hier ist ja von Verstorbenen die Rede, von Abraham und anderen aus längst vergangener Zeit, die am großen Ziel unseres Lebens schon angekommen sind. Weiter sagen uns die Fachleute, Lukas habe diese Sätze aus einer schon sehr früh entstandenen Zusammenstellung von Jesus-Worten entnommen, aus einer Schrift, die sie die REDE-QUELLE nennen, eine Art Sammlung von Spickzetteln aus der ersten Christengeneration. Es sind Worte, sagen sie, die durchaus auf Jesus zurückgehen können (aber das prüfen wir noch!). Und die wichtigste Auskunft der Experten, konkret der Sprachwissenschaftler unter ihnen, ist die:

Vom Heulen ist im griechischen Text überhaupt nicht die Rede! Weder hier bei Lukas noch bei Matthäus. Das griechische Wort, das in den Evangelien steht, bedeutet nicht heulen, sondern weinen! – Ja, was sollen wir dazu sagen?! Es ist doch wohl ein Unterschied, ob einer heult oder ob einer weint!

Und das mit dem Zähneknirschen ist auch so ein Ding! Da sagen uns die Sprachexperten: »Mit den Zähnen knirschen«, das war damals in der antiken Welt eine Redewendung, die so viel bedeutete wie: sich ärgern, Reue empfinden, sich grämen. Unser ähnlich lautender Ausdruck »zerknirscht sein« trifft den Sinn recht gut. Also nichts von wegen zittern und klappern vor Angst und Qual! – Aber knirschen wir nicht gegen die Bibelübersetzer! Das hilft niemandem weiter. Versuchen wir lieber, nachdem wir nun wissen, was mit dem vermeintlichen »Heulen und Zähneklappern« wirklich gemeint ist, Jesus noch einmal mit unseren Kleinbauernohren zuzuhören.

Nehmen wir ruhig einmal an, Jesus habe das, was Lukas hier überliefert, tatsächlich gesagt. Möglich wäre es ja. Übersetzen wir die Schreibe des Lukas in die Rede Jesu, in seine Kleinbauernsprache also, dann hört sich das aus seinem Mund doch ungefähr so an: »Einmal, Leute, beim großen Festmahl, das der himmlische Vater im vollendeten Gottesreich geben wird, da werden die Menschen aus allen Völkern mit ihm zu Tische sitzen. Die Menschen von überall her, aus Ost und West und Süd und Nord ... Und stellt euch vor: Ihr – ihr, die ihr meine Frohbotschaft von der Liebe Gottes gehört habt –, ihr müsstet dann erkennen, dass ihr euch Gott verschlossen habt! Wie weh wäre euch dann ums Herz! Wie traurig und zerknirscht wäret ihr, wie sehr würdet ihr weinen ...«

Und selbst wenn Jesus, mit seinem schelmischen Augenzwinkern im Unterton, gesagt haben sollte: »... und dann ist das Geheule groß!« – selbst dann kann ich mir das bei diesem Kleinbauern aus Nazaret sehr gut vorstellen.

Aber nun zu Matthäus. Der hat, so sagen die Bibelexperten weiter, beim Schreiben seines Evangeliums ebenfalls auf die REDEQUELLE zurückgegriffen; von dort hat er dasselbe Jesus-Wort entnommen. Nur hat er es wieder ein klein bisschen umformuliert. In seinem Evangelium, im 8. Kapitel, lesen wir es so:

Viele werden von Osten und Westen kommen und mit Abraham, Isaak und Jakob im Himmelreich zu Tisch sitzen; die aber, für die das Reich bestimmt war, werden hinausgeworfen in die äußerste Finsternis; dort werden sie heulen und mit den Zähnen knirschen.

Matthäus macht also, wie wir im Vergleich sofort erkennen, noch einen Hinauswurf in die *äußerste Finsternis* dazu. Und das klingt nun wirklich sehr bedrohlich! Das Weinen und Zerknirschtsein bekommt jetzt einen ganz anderen Sinn. Kein Wunder, dass die Übersetzer dachten, in der »äußersten Finsternis« könne es sich beim Weinen nur um ein fürchterliches Heulen handeln und beim Knirschen mit den Zähnen nur um ein Zähneklappern in Angst und Qualen! Da sind sie dem Matthäus ganz schön auf den Leim gegangen!

Aber es kommt noch schlimmer: Diese Wortkombination aus Weinen, Zähneknirschen und Hinauswurf in die Finsternis muss dem Matthäus so gut gefallen haben, dass er sie in den dann folgenden Kapiteln seines Evangeliums gleich noch öfter verwendet. Und zwar noch drei Mal.

Auch in das jüdische Gleichnis vom fehlenden Hochzeitsgewand baut er sie ein, wir erinnern uns:

... werft ihn hinaus in die äußerste Finsternis! Dort wird er heulen und mit den Zähnen knirschen.

Und da ihm das scheinbar immer noch nicht genug ist, fällt ihm weitere zwei Male – nachzulesen im 13. Kapitel – eine noch grässlichere Variante ein: Da sendet Gott *seine Engel* aus und lässt alle Bösen in *den Ofen werfen, in dem das Feuer brennt; dort werden sie heulen und mit den Zähnen knirschen.*

Allem Anschein nach war Matthäus tatsächlich der Meinung, dass die Leute in der Gemeinde, für die er sein Evangelium schrieb, Worte von solchem Kaliber nötig hätten. Aber Worte von Jesus sind es nicht!

Dass Matthäus mit solchen Kraftausdrücken einmal die ganze große Christenheit in Seelennöte bringen würde – über viele Generationen hin –, das konnte er damals freilich nicht ahnen. Keiner der Evangelisten hat ja daran gedacht, dass sein Evangelium eines Tages im Neuen Testament stehen würde. – Aber da wir nun schon einmal dabei sind: Es gibt

noch andere Kraftausdrücke

im Neuen Testament, speziell in den Texten, die vom Leben und Wirken Jesu erzählen, in den Evangelien also. Und auch sie sind nicht ganz ohne.

Da sagt Jesus zum Beispiel, so überliefert es Markus im 9. Kapitel:

Wer einen von diesen Kleinen – gemeint sind alle einfachen, »kleinen« Leute –, *die an mich glauben, zum Bösen verführt, für den wäre es besser, wenn er mit einem Mühlstein um den Hals ins Meer geworfen würde.*

Ich bin überzeugt: So hat Jesus tatsächlich geredet! Und das hat er auch ganz ernst gemeint – das mit dem Verführen, nicht das mit dem Mühlstein natürlich. Es ist ja doch wirklich etwas ganz Schlimmes, wenn man »kleine Leute«, also Kleinbauern zum Beispiel, zum Bösen anstiftet! Da kann Jesus richtig zornig werden! So zornig wie bei der Tempelaustreibung. Die Szene kennen wir ja, in allen vier Evangelien wird davon berichtet. Aber er hat selbstverständlich keinen einzigen Anstifter tatsächlich mit einem Mühlstein behängt, geschweige denn ins Meer befördert!

Und weil Markus gerade dabei war, solch ein Wort heiligen Zornes aus dem Kleinbauernherzen Jesu aufzuschreiben, hat er gleich noch drei andere Kraftausdrücke, die ihm überliefert worden waren, angefügt:

Wenn dich deine Hand zum Bösen verführt, dann hau sie ab; es ist besser für dich, verstümmelt in das Leben zu gelangen, als mit zwei Händen in die Hölle zu kommen, in das nie erlöschende Feuer.

Und wenn dich dein Fuß zum Bösen verführt, dann hau ihn ab; es ist besser für dich, verstümmelt in das Leben zu gelangen, als mit zwei Füßen in die Hölle geworfen zu werden.

Und wenn dich dein Auge zum Bösen verführt, dann reiß es aus; es ist besser für dich, einäugig in das Reich Gottes zu kommen, als mit zwei Augen in die Hölle geworfen zu werden, wo ihr Wurm nicht stirbt und das Feuer nicht erlischt.

Harte Worte, in der Tat. – Interessant ist dabei zunächst, wie es mit diesen Kraftausdrücken weiterging: Als Lukas ein paar Jahrzehnte später auf der Grundlage des Markus-Textes sein eigenes Evangelium schreibt, lässt er diese Zeilen einfach beiseite. Er übernimmt sie nicht in seine Glaubensschrift über Jesus. Waren sie ihm doch ein bisschen zu stark? Matthäus dagegen hatte –

wir ahnen es schon! – damit keine Probleme. Er hatte das Markusevangelium ebenfalls auf seinem Schreibpult liegen, und er hat diese Zeilen in sein Evangelium übernommen. Bedenkenlos. Den Mühlstein ebenso wie das Handabhacken, Fußabhacken und Augeausreißen. Natürlich samt dreimaliger Höllenandrohung. Im 18. Kapitel ist das bei ihm alles nachzulesen. Das Handabhacken und Augeausreißen hat er dann gleich noch an anderer Stelle mit eingebaut: beim Thema Ehebruch, im 5. Kapitel; da schien es ihm besonders angebracht gewesen zu sein, einen kraftvollen Ton anzuschlagen.

Aber was ist mit diesen Worten wirklich gemeint? Nun, was jeweils den ersten Teil angeht: Die Hand und den Fuß abhacken, das Auge ausreißen – und übrigens auch die Zunge –, das sind in den semitischen und arabischen Völkern noch heute gebräuchliche Redewendungen, und die wollen sagen: Trenn dich von den bösen Taten, die deine Hand tut; verlass den Unheilsweg, auf dem deine Füße gehen; lass ab von deinen neidischen und argwöhnischen Blicken auf die anderen; hör auf, mit deiner Zunge dummes, verletzendes und bösartiges Zeug zu reden! – Dass Jesus in diesen Redewendungen gesprochen hat, ist gut vorstellbar. Er hat immer Klartext geredet! Kleinbauern reden so! Aber er meinte damit natürlich nicht, hack dir wirklich die Hand und den Fuß ab, und reiß dir wirklich das Auge aus.

Eigentlich ist es ein bisschen schade, dass Lukas das nicht verstanden hat. Gerade diese Worte Jesu hätten bestimmt auch seiner Gemeinde gutgetan. Aber als griechischer Arzt kannte sich Lukas zwar mit Händen, Füßen und Augen und der sonstigen Anatomie des Menschen aus, doch wahrscheinlich weniger mit den Redewendungen anderer Völker. (Wie der wohl mein »Herz in der Hosentasche« deuten würde?) – Oder war es der jeweils zweite Teil, der dem Lukas Probleme bereitete? Wenn es zum Beispiel beim Handabhacken heißt:

... es ist besser für dich, verstümmelt in das Leben zu gelangen, als mit zwei Händen in die Hölle zu kommen, in das nie erlöschende Feuer ...

War es dieser noch bedrohlicher klingende Teil, der ihn zurückhielt, den Markus-Text auch in sein Evangelium zu übernehmen?

Dann ab in die Gehenna

Vielleicht hat sich Lukas aber auch keinen Reim darauf machen können, was im Markus-Text mit *gehenna* gemeint ist. Das ist nämlich die Vokabel, die in deutschen Bibelübersetzungen herkömmlicherweise mit »Hölle« wiedergegeben wird. Lukas verwendet den Ausdruck *gehenna* zwar auch, ein einziges Mal und in etwas anderem Zusammenhang. Aber wahrscheinlich kannte er als Christ des griechischen Kulturraums die eigentliche

Bedeutung des Wortes nicht, denn *gehenna* kam im Griechischen normalerweise nicht vor.

Markus hatte nämlich mit *gehenna* das hebräische Wort *ge hinnom* wiedergegeben. Und das war der Name für eine Talsenke neben der Altstadt von Jerusalem. Woher aber sollte Lukas, der allem Anschein nach nie im Heiligen Land gewesen ist, das wissen? Er weiß ja nicht einmal, dass Nazaret ein ganz kleines Dörfchen war: In seinem Evangelium macht er aus Nazaret eine Stadt! Dann konnte er selbstverständlich auch nicht wissen, dass das Hinnom-Tal damals schon jahrhundertelang die Müllkippe von Jerusalem war. Dort draußen vor der Stadtmauer wurden nämlich die Abfälle der großen Tempelstadt entsorgt. Bei mehr als 25.000 Einwohnern mag da auch zu Jesu Zeiten nicht wenig angefallen sein; dazu kam noch der ganze Müll von den zigtausend Pilgern, die das Jahr über, besonders zu den großen Festtagen, aus aller Herren Länder nach Jerusalem kamen. Und: Abfall und Müll, das waren damals nicht Coladosen oder alte Zahnbürsten, sondern vor allem Fäkalien, Knochen, Tierkadaver und ähnlich übelriechendes Zeug, *wo der Wurm nicht stirbt und das Feuer* – in dem man das alles, so gut es ging, verbrannte – *nicht erlischt*, wie schon Jesaja (66. Kapitel, letzter Satz) Jahrhunderte zuvor über das Hinnom-Tal schreibt.

Wie gesagt, das konnte Lukas nicht wissen, und selbst wir wissen es heute nur dank der Forschungen jüdischer und christlicher Gelehrter. Er konnte dann

erst recht nicht wissen, dass auch »in die Gehenna geworfen werden« eine volkstümliche Redewendung in Israel
war. Genauso wie er nicht wusste, dass das Handabhak-
ken und Augeausreißen eine Redewendung ist. »In die
Gehenna geworfen werden«, das ist ein Kraftausdruck,
mit dem man damals sagte: »Wenn du nicht aufhörst
mit deinen Bosheiten, dann fliegst du ins Hinnom!«

Heute würden wir entsprechende Leute zum Beispiel »auf den Mond schießen«, damit sie endlich einmal
merken, wo bei ihnen »der Wurm drinsteckt«! Dass
solche Worte manchmal wirklich nötig sein können, das
wissen wir doch. Wir wissen aber auch, wie sie gemeint
sind und wie sie nicht gemeint sind. Von einer Hölle
und von einer ewigen Verdammnis ist hier jedenfalls
überhaupt nicht die Rede!

Es soll freilich zur Zeit Jesu im jüdischen Volk auch
Leute gegeben haben, die anderen damit drohten, Gott
selbst würde sie ins Hinnom werfen. Wenn einmal der
»Jüngste Tag« anbricht. Der Prophet Jesaja hatte nämlich
so geredet. Er hatte vom *Tag der Rache Gottes* gesprochen (Kapitel 61, Vers 2) und sich ausgemalt, wie dann
die Leichen derer, die sich gegen Gott aufgelehnt haben im
nie erlöschenden Feuer des Hinnom verbrennen werden
(Kapitel 66, Vers 24). Auch er hatte das natürlich nur
gesagt, um bestimmte Leute zur Vernunft zu bringen.
Aber das hatten manche in die falsche Kehle bekommen,
und sie meinten, Gott würde das tatsächlich machen.
Doch wer so denkt, der hat, wie gesagt, noch kein wirk-

liches Kleinbauernherz. So etwas hätte Jesus nie gedacht! Und nie gesagt! Niemals hätte er den Menschen mit Gott Angst gemacht! Deshalb hat er, als er einmal wieder in Nazaret war und beim Synagogengottesdienst aus der Jesaja-Schriftrolle vorlas, das Wort vom *Tag der Rache Gottes* einfach weggelassen. Einfach nicht mit vorgelesen! Mitten im Satz hat er die Lesung einfach abgebrochen. Lukas hat uns das aufgeschrieben, im 4. Kapitel.

Jesus wollte nicht, dass die Menschen Angst vor Gott haben. Er wollte, dass sie Gott lieben und dass sie ihm die Liebe glauben, die er zu ihnen hat. Matthäus, Markus und Lukas, alle drei überliefern ja sein erstes und wichtigstes Gebot: *Du sollst den Herrn, deinen Gott, lieben mit ganzem Herzen und ganzer Seele, mit all deinen Gedanken und all deiner Kraft.* Ja – das wollte Jesus! Und natürlich auch, dass wir genauso zueinander gut sind: *Du sollst deinen Nächsten lieben wie dich selbst. Kein anderes Gebot ist größer als diese beiden.*

Aber nun wieder zu Matthäus: Insgesamt gesehen, stammen von den zwölf Stellen im Neuen Testament, an denen die Gehenna vorkommt, allein sieben aus seiner Feder! Was die Gehenna ist und was der Ausdruck »in die Gehenna geworfen werden« bedeutet, das wussten er und seine Leute, im Unterschied zu Lukas, natürlich sehr gut. Sie kamen ja aus einer jüdischen Gemeinde und kannten sich also im einschlägigen Kraftwörter-Vokabular ihres Volkes aus. Und dass Matthäus solche Kraftausdrücke liebte, das wissen wir bereits. »Wenn du nicht aufhörst ..., dann ab mit dir in die Gehenna!« – so zu reden, das lag dem Matthäus! Auch Ausdrücke von ihm wie »ins Feuer geworfen werden« oder »in die äußerste Finsternis geworfen werden« entstammen, ein bisschen variiert, dem Hinnom-Wortschatz seines Volkes.

Nehmen wir nur die wunderbaren Worte Jesu im 25. Kapitel des Matthäusevangeliums:

Was ihr für einen meiner geringsten Brüder getan habt, das habt ihr mir getan, und: *Was ihr für einen dieser Geringsten nicht getan habt, das habt ihr auch mir nicht getan.*

Wie viel Seelenleid hat Matthäus dadurch angerichtet, dass er gerade hier noch hinzufügte:

Dann wird sich der König auch an die auf der linken Seite wenden und zu ihnen sagen: Weg von mir, ihr Verfluchten, in das ewige Feuer, das für den Teufel und seine Engel bestimmt ist!

Das ist auch so eine Bibelstelle, bei der man doch nur Angst bekommen kann! Und dann hört man doch vor lauter Angst – oder auch vor lauter Ärger über solche Töne – gar nicht mehr richtig hin, wie eindringlich um unsere Liebe werbend Jesus hier bis heute in unsere Herzen hineinspricht!

Aber zur Ehrenrettung des Matthäus sei ausdrücklich betont: Eine wirkliche Hölle, einen Ort ewiger Strafe, nein, das hat auch Matthäus nicht gemeint! Und Jesus schon gleich gar nicht – falls er den Hinnom-Kraftausdruck überhaupt jemals gebraucht hat.

Wer ist an der Hölle schuld?

Dass später *gehenna* mit »Hölle« übersetzt wurde, daran ist keiner der Evangelisten schuld, auch Matthäus nicht. Das geht eindeutig auf das Konto der Übersetzer. Die haben sowieso sehr viel verbockt! Nur ein Beispiel: Nehmen wir das VATERUNSER. Da übersetzen sie und lassen uns bis heute beten: *Und führe uns nicht in Versuchung.* Ich habe mich schon, als ich ungefähr vierzehn Jahre alt war, gefragt, und später immer wieder: Kann uns Gott denn »in Versuchung führen«, also zum Bösen anstiften? Bloß gut, dass ich damals noch nicht so bibelfest war und die Stelle nicht im Kopf hatte, wo es heißt – wir erinnern uns:

Wer einen von diesen Kleinen, die an mich glauben, zum Bösen verführt, für den wäre es besser, wenn er mit einem Mühlstein um den Hals ins Meer geworfen würde.

Ich wäre ja auf ganz schlimme Gedanken gekommen über Gott! Nein, richtig muss die Übersetzung der griechischen Redewendung heißen: *Und lass uns nicht in Versuchung geraten.* So wird ein Schuh draus! Sonst könnten wir ja auch gleich so beten, wie der Eisverkäufer es möchte, der über seinen fünfunddreißig italienischen Eissorten das Schild hängen hat: »Führe uns in Versuchung – aber richtig!« Oder wie der Kabarettist, der zu Gott sagt: »In Versuchung brauchst du uns nicht zu führen, da finden wir schon alleine hin!«

Oder noch ein anderes Beispiel: Nehmen wir ein harmloseres, das aber vor allem für Bauern nicht uninteressant ist: Da übersetzen sie eine Ausrede der Geladenen im Festmahlgleichnis von Lukas so: *Ich habe fünf Ochsengespanne gekauft und bin auf dem Weg, sie mir genauer anzusehen.* Das kann gar nicht stimmen! Denn Kleinbauern wie Großbauern in Israel hatten gar keine Ochsen! Ein Tier kastrieren, das tat man nicht im Heiligen Land! (Ich hätte das auch nicht gewusst; das hat der schon genannte Theologie-und-Landwirtschafts-Doktor herausbekommen.)

Lukas selbst hat völlig richtig hingeschrieben: *fünf Rindergespanne.* Sein griechisches Wort *boós* heißt Rind. Nicht Ochse. Und wenn man das Rind schon untergliedern will, dann muss man in diesem Fall schreiben: *fünf Kuhgespanne.* Denn Bullen lassen sich ja bekanntlich nicht so gern vor den Pflug und vor den Wagen spannen. – Übrigens: Auch an der Krippe neben dem Esel steht kein Ochse! Der Prophet Jesaja, der einen geistlichen Schriftsteller aus dem 8. Jahrhundert dazu inspiriert hat, »Ochs und Esel« in den Stall von Bethlehem zu stellen – in den Evangelien selbst steht davon noch gar nichts! –, hat wörtlich geschrieben: *Das Rind* (!) *kennt seinen Besitzer und der Esel die Krippe seines Herrn; Israel aber hat keine Erkenntnis, mein Volk hat keine Einsicht* (1. Kapitel, Vers 3). Wenn also überhaupt, dann lag neben dem neugeborenen Jesus, wie aus bäuerlicher Erfahrung anzunehmen ist, eine Kuh. Das können Pfarrer, Pastorinnen, Bischöfe und ganz normale Bibelexperten in der Regel natürlich auch nicht wissen – selbst da könnten wir ihnen durchaus einmal mit unserem Kleinbauernwissen behilflich sein.

Noch ganz andere Schnitzer könnte ich nennen, die sich die Bibelübersetzer im Laufe der Jahrhunderte geleistet haben. Aber lassen wir's. Uns genügt hier zu wissen: Jesus hat niemandem mit der Hölle gedroht. Und erst recht hat er niemanden in die Hölle verdammt. Niemanden. Und dass Gott das tun würde, hat Jesus auch nicht gesagt.

Ich kann mir vorstellen, dass Jesus gelegentlich mal jemandem das mit dem Handabhacken usw. gesagt hat, durchaus auch mit dem Hinnom-Kraftausdruck dazu. In seine Kleinbauernsprache zurückübersetzt, klang das dann aber so: »Mensch Kerl, merkst du nicht, wie sehr du dich verrannt hast?! Und siehst du nicht, was du deinen Mitmenschen antust mit dem Hass, der aus deinen Augen guckt, mit all dem Furchtbaren, das deine Hände anrichten, mit den krummen Wegen, auf denen deine Füße gehen? Willst du warten, bis dich keiner mehr ertragen kann und sie dich am liebsten ins Hinnom werfen würden?!« Dass Jesus so gesprochen hat, ja, das kann ich mir vorstellen. Und dabei sehe ich ihn wieder vor mir, diesen Jesus: tieftraurig über den, der da vor ihm steht, und – gewiss – auch von Zorn und Wut gepackt über all das Unrecht, das der in seiner Verbohrtheit anderen antut ... Und ich sehe den Menschen vor mir, dem Jesus das sagt, der vielleicht nach dieser Begegnung zum ersten Mal kapiert, dass er sich die Gehenna längst schon selbst bereitet hat, mit all dem Hass in seinem Herzen!

Manchmal werde ich in Bibelseminaren gefragt: »Gibt es denn dann die Hölle, oder gibt es sie nicht?« Und hin und wieder ist ein Seminarteilnehmer darunter, der dann gleich ganz zappelig auf seinem Stuhl hin und her rutscht und nur darauf lauert, ob ich nun ja oder nein sagen werde, weil er herausfinden will, ob ich denn wohl noch rechtgläubig sei. Na klar, sage ich dann, na klar gibt es die Hölle! Mancher scheint gar nicht zu merken, dass er schon drinsitzt! Aber da hat ihn nicht Gott, sondern da hat er sich selbst hineingebracht! Und der merkt auch nicht, dass er anderen das Leben zur Hölle macht! – Am Gesicht meines speziellen Freundes sehe ich natürlich, dass er mit dieser Auskunft nicht zufrieden ist. Also weiter: Die Hölle, so sage ich dann, ist nicht eine Strafe von Gott, sondern, wie Sie im KATECHISMUS DER KATHOLISCHEN

KIRCHE nachlesen können, der »Zustand der endgültigen Selbstausschließung aus der Gemeinschaft mit Gott und den Seligen«! Das Wort »Selbstausschließung« wiederhole ich immer, mit Betonung auf »Selbst«. Ein solcher Selbstausschluss, so erläutere ich weiter, bedeutet aber nicht ewiges Gequältwerden, sondern Selbstausschluss vom Leben. Hölle, das wäre der selbstgewählte Tod für immer. Das hat Paulus gesagt. Er schreibt nämlich im Römerbrief, im 6. Kapitel: *Der Sold der Sünde ist der Tod.* Und dies gilt auch von der größten Sünde: wenn einer sich endgültig trennen würde von Gott, der doch die Quelle seines Lebens auf Erden wie im Himmel ist. Ja, diese Möglichkeit ist durchaus real. Wohlgemerkt: die Möglichkeit! Denn ich traue selbst dem bösesten Bösewicht zu, dass er diese Dummheit nicht machen wird. Weil ich Gott zutraue, dass er alles, aber auch alles tun wird, um auch den Verbohrtesten und Hasserfülltesten wieder zur Liebe zu bewegen.

Aus dem ERWACHSENEN-KATECHISMUS der katholischen Bischöfe Deutschlands zitiere ich meistens noch die Sätze: »Weder in der Heiligen Schrift noch in der kirchlichen Glaubensüberlieferung wird von irgendeinem Menschen mit Bestimmtheit gesagt, er sei tatsächlich in der Hölle. Vielmehr wird die Hölle als reale Möglichkeit vor Augen gehalten, verbunden mit dem Angebot der Umkehr und des Lebens.« Und wenn ich merke, dass der Zappelphilipp auf seinem Beobachtungsposten dann immer noch nicht weiß, was er nun denken soll, füge ich hinzu: Wer von einer »ewigen Verdammnis« durch Gott redet, dem fehlt es also schlicht und einfach an der Rechtgläubigkeit!

Ein echtes Problem

Es gibt natürlich noch mehr bedrohlich klingende Worte im Neuen Testament. Ängstigen muss uns aber kein einziges davon. Was immer die Zähneklapperprediger daraus machen: Jesus, den Kleinbauer gewordenen Gottessohn, haben sie nicht verstanden.

Doch was macht man mit solchen Menschen? Manche mögen es ja einfach nicht besser wissen. Ein Pfarrer oder Pastor zum Beispiel, der sich heutzutage um mehrere tausend Gläubige, verteilt auf drei, vier, fünf Gemeinden, zu sorgen hat – woher soll der sich denn die Zeit nehmen, um ein Buch über die Bibel zu lesen oder einfach mal eine halbe Stunde einem Kleinbauern zuzuhören? Er hat für seine eigentlichen Hirtenaufgaben doch genauso wenig Zeit, wie wenn ein Schafhirte sich plötzlich auch noch um drei, vier, fünf Ställe in anderen Dörfern kümmern müsste ...

Aber: Mit einem solchen Menschen kann man reden! Wenn man den einfach einmal anspricht auf seine viele Arbeit, dann fängt der ganz von allein an zu erzählen. Von all seinen Überlastungen. Er hat ja sonst niemanden, dem er das erzählen könnte; seine Mitbrüder in den Nachbargemeinden haben auch keine Zeit für ihn, und sein Bischof hat den Kopf voll mit anderen Sorgen. Und fühlt sich ein solcher Seelenhirte erst einmal in den eigenen Nöten verstanden, wird er uns auch zuhören, wenn wir ihm sagen: »Herr Pfarrer, liebe Frau Pastorin, Sie predigen wirklich großartig! Aber manchmal, da sagen Sie Sachen ...« Na, und schon ist unsere Stunde gekommen.

Schwieriger ist es freilich, wenn sich herausstellt, dass einer aus ganz grundsätzlicher Überzeugung heraus meint, wegen der sogenannten Drohworte in der Bibel die Frohbotschaft Jesu durch eine Drohbotschaft vom strafenden und rächenden Gott ergänzen zu müssen. Ich denke hier an Leute, die tatsächlich der Meinung sind, es gehöre zu unserem christlichen Glauben, vor Gott Angst haben zu müssen.

Ja – solche Leute gibt es noch! Ganz ausgestorben sind sie noch nicht. Was macht man dann mit solch einem Menschen? Soll man ihm einfach mit den Kraftausdrücken aus der Bibel zurückdrohen? Nun, die Zunge wird der sich nicht ausreißen, und die Hand, mit der er droht, wird er sich nicht abhacken. Ihn umbringen und seine Stadt in Schutt und Asche legen? Auch das wird seine Meinung nicht ändern. Man kann also nur mit viel Geduld versuchen, ihn aufzuklären. Und das sollten wir auch tun. Jesus zuliebe, Gott zuliebe und den armen Mitmenschen zuliebe. Hilfreich bei solcher

Aufklärungsarbeit könnte ein weiteres Gleichnis Jesu sein, nämlich das Gleichnis

vom so ganz anderen Großbauern,

das im 15. Kapitel des Lukasevangeliums steht und unter verschiedenen Namen bekannt ist: »Das Gleichnis vom verlorenen Sohn« wird es genannt oder »Das Gleichnis vom barmherzigen Vater«. Ein Gewitzter unter meinen Mitstudenten im Priesterseminar war der Ansicht, man könne es doch auch »Das Gleichnis von den verlassenen Schweinen« nennen, denn von zurückgelassenen Schweinen sei in der Geschichte ja auch die Rede. Nun, jedenfalls ist es ein Gleichnis, das selbst einem Drohbotschaftprediger in der Regel schon einmal unter die Augen gekommen ist. Es ist also gar nicht nötig, ihm die ganze Geschichte noch einmal wiederzukäuen; es genügt, ihn daran zu erinnern.

Auf eine Kleinigkeit aber sollten wir ihn, wenn wir mit unserer Aufklärungsarbeit beginnen, aufmerksam machen. Eine Kleinigkeit, die Lukas, der Stadtmensch, nicht wissen konnte und deshalb auch nicht ausdrücklich vermerkt hat: Bei dem Vater in diesem Gleichnis Jesu handelt es sich um einen Großbauern! Denn wenn ein Bauer zwei gesunde, kräftige Söhne hat, die zupacken können, und dieser Bauer dann noch, wie aus dem Gleichnis ja klar hervorgeht, mehrere *Knechte* hat, ja zusätzlich noch *viele Tagelöhner* beschäftigt; wenn er einen Ring benutzt – gemeint ist ein Siegelring! –, um seine Verträge über den Verkauf von Vieh und Ernte abzustempeln; wenn er so viel Geld auf der Kante hat, dass er einem der beiden Söhne den gesamten Erbanteil auszahlen kann, dann ist der doch kein Kleinbauer! Dann hat er eine beachtlich große Wirtschaft von einigen zig Hektar Ackerland und entsprechenden Viehbestand dazu! Dann ist er ein Großbauer! Ganz eindeutig! Und das müssen wir unserem Drohprediger sagen!

Wenn nämlich schon ein Großbauer – und jeder weiß doch, wie Großbauern normalerweise sind! – so großherzig sein kann; wenn er seinen Sohn losziehen lässt – mit dem gesamten Erbanteil! – in das Abenteuer Freiheit hinein, obwohl er den unreifen Burschen ja kennt und sich ausmalen kann, was passieren wird; und wenn dieser alte Mann Tag für Tag vor die Tür geht und Ausschau hält, ob sein Sohn nicht doch irgendwann einmal wiederkommen wird; wenn er ihm entgegenläuft, sobald er das Häufchen Elend in der Ferne angetippelt kommen sieht; wenn er ihn umarmt und küsst vor Freude, weil er ihn wiederhat; wenn er ihm alles verzeiht, als der seinen Irrweg eingesehen hat und ehrlich eingesteht: *Vater, ich habe mich versündigt gegen den Himmel und vor dir*; wenn er, statt den Halunken dann gehörig zu bestrafen, das beste Kalb schlachten, eine Musikkapelle bestellen und ein Festmahl für ihn ausrichten lässt; wenn er für ihn die schönsten Sonntagssachen aus der

Truhe holt und ihn kleidet wie fürs Osterhochamt; ja wenn er ihm gar noch den Siegelring ansteckt und ihn dadurch zum leitenden Bauern an seiner Seite macht, mit allen Vollmachten, diesen Kerl, der buchstäblich bei den *Schweinen* gelandet war; wenn ... – ja wenn das schon ein Großbauer fertigbringt, so müssen wir unserem Drohbotschafter ins Angesicht hinein sagen, sollte dann Gott, der große Gott, seine Söhne und Töchter weniger lieb haben? Sollte es Gott dann übers Herz bringen, sie »hinauszuwerfen in die äußerste Finsternis«?

Mehr brauchen wir eigentlich gar nicht zu sagen. Mehr hat auch Jesus nicht gesagt. Aber das hat er gesagt. Mit seinem Gleichnis von diesem so ganz anderen Großbauern. Und damit hat er allen, die Ohren zum Hören haben, ganz klar gesagt, dass sie zu klein, nein: dass sie absolut falsch von Gott denken, wenn sie meinen, Gott sei ein strafender, ja gar ein rächender Gott. Der Gott, den Jesus kennt, der ist kein Strafrichter! Der richtet nicht hin, der richtet gerade – noch den schlimmsten Halunken, wenn der nur will.

Dass unser Drohbotschafter das dann versteht, ja dass er – wenigstens ansatzweise – einsieht, wie schief er liegt mit seinen Ansichten, das kann ich freilich nicht garantieren. Und was dann? Was können wir dann noch tun? Ich habe mal einem solchen Menschen gesagt: Wissen Sie, ich habe ein paar sehr gute Freunde. Die kennen mich gut. Nicht nur mit meinen Sonnenseiten, sondern ziemlich genau auch mit meinen Schattenseiten. Und trotzdem haben sie mich gern. Die sagen mir auch klar und deutlich, was falsch und was Unrecht ist in meinem Verhalten. Aber niemals würden sie mir die Pest an den Hals wünschen oder mich gar in der Hölle sehen wollen! Ja, und da denke ich: Gott hat mich doch nicht weniger gern, als meine Freunde mich gern haben. Wenn die schon so gut zu mir sein können, dann kann doch Gott das erst recht! Dann darf ich eine solche Liebe doch nicht Gott absprechen!

Der, dem ich das sagte, hat aber auch dieses Argument nicht annehmen können. Ich habe mir dann gedacht: Vielleicht hat er einfach solche Freunde nicht. Und das muss schlimm sein für ihn, zumal wenn er keine Kleinbauerneltern hat oder wenigstens einen Großbauernvater wie der »verlorene Sohn« im Gleichnis.

Und dann? Dann könnten wir ihm die Geschichte weitererzählen, ich meine die Sache mit dem zweiten Sohn. Den hat Jesus ja den Zuhörern wie einen Spiegel vorgehalten, und Herr S. würde sagen: »Irgendwie erkenne ich mich auch in diesem zweiten Sohn wieder.« Aber ob auch unser Drohprediger in diesen Spiegel hineinschaut? Möglicherweise wird er uns entgegenhalten, Gott sei doch ein gerechter Gott und deshalb müsse er auch ein strafender Gott sein und wo wir denn hinkämen, wenn Gott nur die Liebe wäre: dann würde ja jeder meinen, er könne machen, was er will ... Und so ähnlich. Es sind ja immer dieselben Argumente bei diesen Leuten, die wirkliche Liebe und wirkliche Gerechtigkeit wohl noch nie so richtig erfahren haben. Ob es Zweck hätte, ihn dann einfach mal mit einer Frage zu konfrontieren, auf die er mit Sicherheit in seinem ganzen Leben noch nicht gekommen ist? Unversucht sollten wir nichts lassen, also: Haben Sie denn schon mal daran gedacht, was es für Gott – für Gott! – bedeuten würde, wenn er auch nur einen einzigen Menschen, einen von seinen geliebten Söhnen und Töchtern, mit vernichtendem Zorn überschütten, ja dem endgültigen Tod oder gar, wie Sie das wohl glauben, den Qualen einer ewigen, nie endenden Hölle ausliefern müsste? – Vielleicht würde ihn das dann doch wenigstens ein bisschen nachdenklich machen ...

Vielleicht würde er aber auch weiterhin bei seiner Meinung bleiben. Machen wir uns nichts vor: Es ist wirklich schwer mit solchen Leuten! Leicht genervt wird er uns dann vielleicht entgegenhalten: »In der Bibel stehen schließlich auch die Drohworte Jesu!« Was wir darauf antworten können, wissen wir ja. Aber wenn er uns nicht glauben oder gar nicht erst zuhören will? Was dann? – Ja, dann bleibt uns nur noch eins,

einen Trumpf haben wir noch

– den Papst! Ich meine den jetzigen, Benedikt den Sechzehnten. Dieser Papst, so werden wir ihm sagen, hat eine Enzyklika geschrieben, und die heißt GOTT IST DIE

LIEBE. Falls es schon eine Weile her ist, dass er sie gelesen hat – und das hat er bestimmt! –, hier ein paar Zeilen daraus, die könnten wir ihm vorlesen:

»Gott ist die Liebe, und wer in der Liebe bleibt, bleibt in Gott, und Gott bleibt in ihm« (1 Joh 4,16). In diesen Worten aus dem Ersten Johannesbrief ist die Mitte des christlichen Glaubens, das christliche Gottesbild und auch das daraus folgende Bild des Menschen und seines Weges in einzigartiger Klarheit ausgesprochen. Außerdem gibt uns Johannes in demselben Vers auch sozusagen eine Formel der christlichen Existenz: »Wir haben die Liebe erkannt, die Gott zu uns hat, und ihr geglaubt« (vgl. 4,16).

Wir haben der Liebe geglaubt: So kann der Christ den Grundentscheid seines Lebens ausdrücken. Am Anfang des Christseins steht nicht ein ethischer Entschluss oder eine große Idee, sondern die Begegnung mit einem Ereignis, mit einer Person, die unserem Leben einen neuen Horizont und damit seine entscheidende Richtung gibt. In seinem Evangelium hatte Johannes dieses Ereignis mit den folgenden Worten ausgedrückt. »So sehr hat Gott die Welt geliebt, dass er seinen einzigen Sohn hingab, damit jeder, der an ihn glaubt ... das ewige Leben hat« (3,16). ... Die Liebe ist nun dadurch, dass Gott uns zuerst geliebt hat (vgl. 1 Joh 4,10), nicht mehr nur ein »Gebot«, sondern Antwort auf das Geschenk des Geliebtseins, mit dem Gott uns entgegengeht.

In einer Welt, in der mit dem Namen Gottes bisweilen die Rache oder gar die Pflicht zu Hass und Gewalt verbun-

den wird, ist dies eine Botschaft von hoher Aktualität und von ganz praktischer Bedeutung. Deswegen möchte ich in meiner ersten Enzyklika von der Liebe sprechen, mit der Gott uns beschenkt und die von uns weitergegeben werden soll ..., (von der) Liebe, die Gott dem Menschen in geheimnisvoller Weise und völlig vorleistungsfrei anbietet. ... Wer Liebe schenken will, muss selbst mit ihr beschenkt werden. Gewiss, der Mensch kann – wie der Herr uns sagt – zur Quelle werden, von der Ströme lebendigen Wassers kommen (vgl. Joh 7,37-38). Aber damit er eine solche Quelle wird, muss er selbst immer wieder aus der ersten, der ursprünglichen Quelle trinken – bei Jesus Christus, aus dessen geöffnetem Herzen die Liebe Gottes selber entströmt (vgl. Joh 19,34).

Ich denke schon, dass unser Drohbotschafter nach diesen päpstlichen Worten nun doch ein wenig nachdenklich werden wird. Jedenfalls wenn er katholisch ist. Ist er evangelisch und hat er womöglich für den Papst nicht allzu viel übrig – nun, dann weiß ich auch nicht mehr weiter.

Manch einen Menschen kann wirklich nur Gott selbst überzeugen! Und der lässt sich damit in der Regel Zeit, sehr viel Zeit. Aber irgendwann, spätestens am ersten Tag der Ewigkeit, da kriegt er ihn. Darauf können wir voll vertrauen. Wahrscheinlich wird so ein armer Kerl dann tatsächlich »heulen und mit den Zähnen knirschen« – aber nicht, weil Gott ihn in die Hölle verdammen würde, sondern weil er sich schämen und sich grämen wird bis zum Gehtnichtmehr, dass er auf uns Kleinbauern nicht gehört hat. Und dass er gescheiter sein wollte als der Kleinbauer Jesus. Ein solches Fegefeuer wünschen wir zwar keinem, aber wenn er es denn so haben will ...

Jedenfalls wird das Feuer der Liebe Gottes auch aus seinem Herzen alle verdrehten Ansichten wegfegen. Gott wird auch ihn geraderichten! Und alles, was der in den Menschenseelen angerichtet hat. Was wir nicht schaffen, Gott schafft es schon! Und wenn dann auch wir von Gott gerade gerichtet sind – worauf wir uns ja nur freuen können! – und das himmlische Festmahl beginnt, dann werden wir dem »Drohbotschafter a. D.« an Gottes Tafel gegenübersitzen. Das wird ein Fest!

Wenn schon ein Schaf ...

Trotzdem: Geben wir, allein schon Jesus zuliebe, nie auf! Wir können einem solchen Menschen ja noch ein paar weitere Gleichnisse erzählen. Falls sie ihm nicht gleich weiterhelfen sollten – uns können sie auf jeden Fall im Glauben stärken. Also:

Jesus hat ja nicht nur auf dem Feld gearbeitet. Er hat auch von klein auf mit Tieren gelebt, mit Schafen und Ziegen vor allem, wie alle Kleinbauern in Galiläa, und mit allem, was kriecht, läuft, schwimmt und fliegt in der Schöpfung Gottes. Auch diese Erfahrungen sind in seine Gleichnisgeschichten mit eingeflossen. Eine solche Geschichte ist ebenfalls bei Lukas nachzulesen, zusammen mit dem Großbauerngleichnis steht sie im 15. Kapitel seines Evangeliums. *Wenn einer von euch hundert Schafe hat ...*, so beginnt sie.

Nein, nein, wir müssen nicht gleich wieder an einen Großbauern denken, nur wegen der großen Zahl von Schafen. Es war ganz normal in Israel, dass auch ein Kleinbauer hundert Schafe hütete. Die Tiere mehrerer Familien wurden nämlich in der Weidezeit zusammengenommen, und Hirten aus der Dorfgemeinschaft trugen für sie die Verantwortung. Oft übernahmen die Kleinbauernsöhne diese Aufgabe – bei hundert Schafen natürlich nicht nur einer allein, und Schäferhunde hatten die Hirtenjungs damals auch. Sie führten die Schafe ins umliegende Bergland hinaus, wo es genügend Gräser und allerlei fressbares Grünzeug gab, und nach der Weidezeit brachten sie die Herde wieder heim ins Dorf.

Wie die Schafe dann wieder auseinandersortiert wurden? – Typische Städterfrage! Jeder Kleinbauer im Dorf erkannte doch seine paar Schafe wieder! Und jedes Kleinbauernschaf seinen Kleinbauern. Vor allem seinen kleinen Kleinbauern. Unsere Schafe damals erkannten mich schon von weitem an meiner Stimme und liefen mir ans Hoftor entgegen, wenn ich aus der Schule kam. Und damals in Galiläa lebten die Tiere, zumindest in der kühleren Jahreszeit, sogar mit der Familie mit: im Innenraum des Hauses, nur durch einen niedrigen Verschlag vom etwas höher gelegenen Wohn- und Schlafbereich getrennt. Da kannten sich Mensch und Tier! Dass also jedes der hundert Schafe wieder zu seinem angestammten Kleinbauern kam, das war überhaupt kein Problem.

Problematisch wurde es allerdings, wenn plötzlich aus der Herde ein Schaf fehlte. Der arme Oberhirte unter den Hirtenjungs! Dann musste er höchstpersönlich los, um dieses eine verlorene Schaf zu suchen (während die anderen natürlich bei den restlichen neunundneunzig blieben). Wie hätte er denn sonst der Familie dieses Schafs, dem Kleinbauernvater und der Kleinbauernmutter und den Kleinbauernkindern unter die Augen treten sollen? Allein schon deshalb achtete er sorgsam darauf, dass die Herde immer vollständig war, und stellte er tatsächlich einmal fest, dass eines fehlte, dann – nun, davon erzählt Jesus in seinem Gleichnis:

Wenn einer von euch hundert Schafe hat und eins davon verliert, lässt er dann nicht die neunundneunzig in der Steppe zurück und geht dem verlorenen nach, bis er es findet? Und wenn er es gefunden hat, nimmt er es voll Freude auf die Schultern, und wenn er nach Hause kommt, ruft er seine Freunde und Nachbarn zusammen und sagt zu ihnen: Freut euch mit mir; ich habe mein Schaf wiedergefunden, das verloren war.

Dasselbe Gleichnis hat übrigens auch Matthäus überliefert. In seinem Evangelium steht es im 18. Kapitel. Aber ich lese es immer viel lieber bei Lukas nach, weil der auch die Situation schildert, in der Jesus war, als er es erzählte: Es war in derselben Situation, in der er auch das Großbauerngleichnis vortrug und das Gleichnis von der Drachme, auf das ich gleich noch zu sprechen komme. Den konkreten Hintergrund zu kennen, das ist – das hatten wir schon beim Sämanngleichnis und beim Gleichnis vom Festmahl gesehen – sehr wichtig. Denn dann versteht man gleich viel besser, warum Jesus die Geschichte überhaupt erzählt hat und was sie bedeuten soll.

Also, Lukas schreibt (es ist die Stelle, auf die ich schon zu sprechen kam): *Alle Zöllner und Sünder kamen zu ihm, um ihn zu hören. Die Pharisäer und die Schriftgelehrten empörten sich darüber und sagten: Er gibt sich mit Sündern ab und isst sogar mit ihnen.* Das ist die Situation. Und was macht Jesus? *Da erzählte er ihnen ein Gleichnis und sagte: Wenn einer von euch hundert Schafe ...* Er macht Aufklärungsarbeit. Was nicht ganz einfach ist bei empörten Pharisäern und Schriftgelehrten!

Braucht es noch weitere Erklärungen? Wer je in seinem Leben auch nur ein einziges Schaf lieb gehabt hat, der weiß sofort, was Jesus diesen frommen Herren sagen will: Dass Gott doch kein kleineres Herz haben kann als ein kleiner Kleinbauernhirte! Wenn der schon nach seinem Schaf sucht und nicht schlafen geht, bevor er es gefunden hat – auch wenn es böse war, weil es einfach abgehauen ist von der Herde, um woanders zu fressen –, dann wird doch Gott erst recht einen Menschen nicht aufgeben! Niemals!

Wenn schon ein Schaf für einen Hirtenjungen so viel wert ist, wie viel mehr ist dann ein Mensch für Gott wert – auch wenn er sich tatsächlich wie ein *Zöllner und Sünder* benommen und ihm große Sorge bereitet hat! Ihr dürft doch, will Jesus den Pharisäern und Schriftgelehrten sagen, von Gott nicht kleiner denken als von einem Kleinbauernschafhirten! Und von einem Menschen nicht kleiner als von einem Schaf!

Und damit sie es auch wirklich kapieren, fügt er noch ausdrücklich hinzu: *Ich sage euch: Ebenso wird auch im Himmel mehr Freude herrschen über einen einzigen Sünder, der umkehrt, als über neunundneunzig Gerechte, die es nicht nötig haben umzukehren.* (Die feine Spitze am Schluss ist nicht zu überhören!)

Und Matthäus? Bei ihm erzählt Jesus das Schaf-und-Schafhirten-Gleichnis nicht den Schrift- und Gesetzeslehrern, sondern seinen Jüngern, und fast mit denselben Worten. Aber Matthäus – wohlgemerkt: Matthäus, der sonst nicht mit düsteren Bildern geizt! – fügt am Schluss noch hinzu: *So will auch euer himmlischer Vater nicht, dass einer von diesen Kleinen verlorengeht.* – Na bitte!

Wenn schon Bäuerinnen und Städterinnen ...

Jesus bringt gleich noch einen Vergleich, nachzulesen ebenfalls im 15. Kapitel des Lukasevangeliums. Vielleicht hatte er an den Gesichtern der Frauen gemerkt, dass er ein wenig einseitig geworden war: Er hatte Gott bisher nur mit männlichen Menschen verglichen. Deshalb fiel ihm sofort noch ein weiteres Gleichnis ein:

Oder wenn eine Frau zehn Drachmen hat und eine davon verliert, zündet sie dann nicht eine Lampe an, fegt das ganze Haus und sucht unermüdlich, bis sie das Geldstück findet? Und wenn sie es gefunden hat, ruft sie ihre Freundinnen und Nachbarinnen zusammen und sagt: Freut euch mit mir; ich habe die Drachme wiedergefunden, die ich verloren hatte.

Eine Drachme, das ist kein Vermögen, das ist eine Münze im Wert von ein paar Cent. Es geht hier folglich um eine Kleinbauersfrau oder um eine arme Städterin. Solchen Frauen bedeutet auch eine Drachme viel. So viel, dass sie in ihren dunklen, fensterlosen Lehmkaten oder Felshöhlenstuben alles auf den Kopf stellen, um sie wiederzufinden. »Und wenn schon eine solche Frau ...« – Jesus muss den Satz gar nicht vollenden. Sie haben alle verstanden. Jedenfalls die, die verstehen wollen. Jetzt stimmen auch die Frauen mit strahlenden Gesichtern zu; und ein wenig stolz schielen sie zu den Pharisäertypen hin: »Er hat uns mit Gott verglichen!« Ja, so ist Gott, sagt Jesus. Er ist wie der liebevolle Großbauer zu seinem zurückgekehrten Sohn, wie ein Hirtenjunge zu seinen Schafen, wie eine Frau, die sich über eine wiedergefundene Drachme freuen kann! Die Menschen sind ihm unendlich viel wert!

Seht auf die Raben, sagt Jesus an anderer Stelle. »Ja, sogar von diesen unliebsamen Saatkrähen, die ihr von euren Äckern verscheucht, könnt ihr etwas lernen: *Sie säen nicht und ernten nicht, sie haben keinen Speicher und keine Scheune; denn Gott ernährt sie. Wie viel mehr seid ihr wert als die Vögel!*« Das überliefern beide, Matthäus im 6. und Lukas im 12. Kapitel.

Selbst an den Spatzen hat Jesus, wie ebenfalls beide Evangelisten (Matthäus im 10. und Lukas im 12. Kapitel) schreiben, den Menschen bewusst gemacht, was sie dem großen Gott bedeuten: *Verkauft man nicht zwei Spatzen für ein paar Pfennige? Und doch fällt keiner von ihnen zur Erde ohne den Willen eures Vaters. Bei euch aber sind sogar die Haare auf dem Kopf alle gezählt.*

»Zwei Spatzen für ein As«, heißt es wörtlich bei Matthäus. Das As entsprach einem sechzehntel Denar, also tatsächlich nur »ein paar Pfennigen«. – Lukas ist übrigens cleverer als Matthäus, er räumt noch einen Mengenrabatt ein: *Verkauft man nicht fünf Spatzen für zwei As?*, schreibt er, wodurch auch dem Letzten in seiner Gemeinde klar geworden sein müsste, was Jesus gemeint hat, wenn er dann hinzufügt: *Und doch vergisst Gott nicht einen von ihnen. Bei euch aber sind sogar die Haare auf dem Kopf alle gezählt. Fürchtet euch nicht! Ihr seid mehr wert als viele Spatzen.*

Gott ist ein Gott der Liebe, einer absoluten, immerwährenden und grenzenlosen Liebe. Und wir Menschen sind ihm alles wert! Alles. Einfach so. Er liebt uns »vorleistungsfrei«, sagt Papst Benedikt in seinem Weltrundschreiben.

Jesus selbst hat Gott immer Abba genannt. »Lieber Vater« bedeutet das in unserer Sprache. Paulus und Markus haben uns dieses Wort, weil es ihnen so wichtig war, direkt in der aramäischen Muttersprache Jesu überliefert, mitten in ihren griechischen Texten. So, als *Abba*, hat Jesus Gott angeredet, und so hat er von ihm zu den Leuten gesprochen.

Von der Mitte her denken

»Es ist im Grunde nur eine kleine, einfache Wahrheit, die ich zu sagen habe: wie man es anfangen kann, an der Hand des Herrn zu leben.« Diesen Satz hat Edith Stein geschrieben, die heiliggesprochene Klosterschwester aus dem Karmelitenorden, dem ich seit fünfundzwanzig Jahren angehöre. Ich zitiere den Satz hier, weil es sein könnte, dass manche Leser inzwischen seufzen: »Der schreibt nun schon mehrere Seiten lang immer dasselbe! Immer geht es darum, wie Jesus Gott sieht und wie Gott uns Menschen sieht ...« Stimmt. Das liegt aber nicht an mir, das liegt an Jesus! Der hatte auch nur eine einzige »kleine, einfache Wahrheit« – dieselbe, die Edith Stein zu sagen hatte, nachdem sie, die Städterin, ein paar Jahre bei Jesus, dem Kleinbauern, in die Schule gegangen war. Allein schon in den paar Gleichnisgeschichten und Vergleichen, über die ich gesprochen habe, hat uns Jesus so viel Wunderbares über Gott und über uns Menschen gesagt! Und darin ist, wie Papst Benedikt sich in seiner Enzyklika ausdrückt, »die Mitte des christlichen Glaubens, das christliche Gottesbild und auch das daraus folgende Bild des Menschen ... in einzigartiger Klarheit ausgesprochen«. Wie Jesus von Gott spricht und wie er vom Menschen spricht – das ist die »Mitte« seiner Botschaft. Und die ist immer dieselbe.

Wenn nun aber die Gottes- und Menschensicht Jesu »die Mitte des christlichen Glaubens« ist, dann muss die Bibel auch von dieser Mitte her gelesen werden! Und dann müssen wir nötigenfalls unsere Vorstellungen über Gott, über die Mitmenschen und über uns selbst von dieser Mitte her auch korrigieren!

In München habe ich einen lieben und sehr klugen Freund. Der sagt immer: »Auch biblische Texte müssen auf ihre Mitte hin gelesen werden. Die aber bildet zweifellos die Gottesverkündigung Jesu.« Das steht auch so in seinen Büchern. Er heißt Eugen Biser (geboren 1918) und ist einer der bedeutendsten Theologen unserer Zeit. Alles, was in der Bibel steht, sagt er, muss daran gemessen werden, ob es mit dem *Abba* Jesu, dem Gott der eindeutigen und grenzenlosen Liebe übereinstimmt. Wir Christen glauben ja nicht an die Bibel, sondern an den, von dem die Bibel spricht: an Jesus – und an Gott, wie ihn Jesus verkündet hat.

Schon die Bischöfe und Theologen der frühen Jahrhunderte sagten deshalb vom Alten Testament, dass es »von Christus her und auf Christus hin« gelesen werden müsse. Und mit den Texten des Neuen Testaments ist es nicht anders. Auch die Evangelien sind, schreibt Eugen Biser, eine »aus Verständnis und Missverständnis hervorgegangene Dokumentation der Heilsbotschaft Jesu«. Was dem wunderbaren Abba-Gott, der *die Liebe* ist, widerspricht, das darf man also nicht ins Herz hineinlassen – auch wenn es in der Bibel steht!

Ein Rundfunkreporter hat meinen Freund einmal gefragt, was er denn zum Beispiel zu dem Gleichnis vom Hochzeitsmahl meine: »Da ist ja die Rede von der äußersten Finsternis. Das assoziiert Höllenvorstellungen. Gibt es eine Hölle?«, so wurde er gefragt. Das Interview ist übrigens später in dem Buch PLÄDOYER FÜR EINEN GROSSHERZIGEN GOTT abgedruckt worden, das im Katholischen Bibelwerk Stuttgart herausgekommen ist. Der Professor gab zur Antwort: »Also, es assoziiert nur, aber von einer Hölle ist in diesem Gleichnis so wenig wie in einem anderen die Rede. Und was jetzt Ihre entscheidende Frage anlangt, da kann man nur sagen: Wenn Jesus das war, was alle Christen eigentlich glauben, nämlich der vom Herzen Gottes gekommene Gottessohn, dann war seine ursprüngliche Intention die Liebe Gottes, und dann bestand seine Sendung in gar nichts anderem als in der Verkündigung dieser Liebe Gottes, dann hatte er keine andere Aufgabe, als uns die wunderbare Botschaft von dem bedingungslos liebenden Gott nahe zu bringen.«

»Da hat Hölle gar keinen Platz mehr«, unterbrach ihn der Reporter, und Eugen Biser antwortete ihm: »Es gibt kein ›außerhalb von Gott‹, und deswegen gibt es auch keinen Ort, an den Gott irgendwelche Delinquenten hin verbannen könnte. Ich bin überzeugt: Es gibt keine Hölle. Überlassen wir doch die endgültige Bestimmung eines Menschen voll Vertrauen dem Gott, der verheißen hat, dass er alles vollenden wird, dass er alles heil und ganz, gut und neu machen wird.«

Nochmal ganz deutlich gesagt: Wir Christen haben ein klares Auslegungsprinzip für jede Bibelstelle, auch für das Neue Testament: *Gott ist die Liebe.* Das steht im Ersten Johannesbrief (4. Kapitel) und ist, wie die Theologen sagen, die »Spitzenaussage« des Neuen Testaments, seine Mitte. Gott kann, heißt das, nur lieben – er kann nicht verdammen und vernichten! Und was in den Bibeltexten dieser Mitte widerspricht, entspricht nicht der Frohbotschaft Jesu. Wie kann denn auch angesichts solcher Gleichnisse wie dem Gleichnis vom so ganz anderen Großbauern oder dem vom Schafhirten und dem von der Frau, die ihre Drachme sucht, einer noch ernsthaft denken, Jesus habe von einer ewigen Verdammnis gesprochen?! Das eine passt doch nun wirklich nicht mit dem anderen zusammen. Das mit der ewigen Verdammnis und den anderen Gräueln, die Jesus und seinem *Abba* unterstellt werden – scheinbar auch im Neuen Testament –, kann also gar nicht wahr sein!

Und wie kann denn dann noch ein vernunftbegabter Mensch aus den »Drohworten« im Matthäusevangelium schließen, Jesus hätte den Leuten wirklich die Hölle angekündigt? Derselbe Matthäus zitiert doch in der Bergpredigt, im 5. Kapitel seines Evangeliums, auch das folgende Jesus-Wort:

Euer Vater im Himmel lässt seine Sonne aufgehen über Bösen und Guten, und er lässt regnen über Gerechte und Ungerechte.

Lukas überliefert das übrigens auch, ebenfalls an zentraler Stelle, im 6. Kapitel seines Evangeliums, in der sogenannten Feldrede Jesu: ... *er ist gütig gegen die Undankbaren und Bösen.* Ein solches Jesus-Wort drückt ja nun wirklich ganz klar aus, wie Jesus von Gott und vom Menschen denkt; worin also die Mitte seiner Frohbotschaft, sein »Gottes- und Menschenbild«, besteht!

Matthäus, der sich bestens auskannte in den althergebrachten Gottesvorstellungen des jüdischen Volkes, wusste nur zu gut, dass man eigentlich ganz anders von Gott denken müsste: *Alle, die ihn lieben, behütet der Herr, doch alle Frevler vernichtet er.* So betete man schließlich schon jahrhundertelang in Israel (im Psalm 145), und noch viele weitere Bibelstellen dieser Art hatte Matthäus gekannt. Zwischen diesen beiden Gottessichten aber, der althergebrachten Sicht und der Sicht von Jesus, besteht doch ein himmelweiter Unterschied! Und Jesus hat doch auch selbst betont, dass er eine ganz neue Sicht von Gott und von der Religion bringt. *Ihr habt gehört ..., ich aber sage euch ...,* hat er wiederholt gesagt. Auch das wusste Matthäus, es steht ja sechsmal hintereinander in seinem Evangelium, in der Bergpredigt.

Wenn Matthäus also das Jesus-Wort von der Sonne und dem Regen über Bösen und Guten kannte, dann konnte er doch nicht im Ernst geglaubt haben, Jesus habe wirklich gemeint, Gott könnte jemanden für immer und ewig los sein wollen oder gar zu ewiger Qual verdammen! Ja, dann kann auch Matthäus – Matthäus selbst – die vielen Kraftausdrücke, mit denen er seiner Gemeinde ins Gewissen redete, nicht als wirkliche Höllen-Androhungen gemeint haben! Wer das denkt, der ...

Lassen wir's. Und geben wir für die Drohbotschafter dieser Welt die Hoffnung nicht auf. Gott lässt ja auch über ihnen die Sonne aufgehen und den Regen fallen, und irgendwann wird es auch bei ihnen fruchten.

Ich komme lieber noch einmal auf Herrn S. zurück. Der schrieb mir nämlich in einem Brief einen sehr schönen Gedanken: »Irgendwie kam mir in Ihrem Kurs über Jesus«, schrieb er, »das Wort vom ›Werden wie die

Kinder‹ in den Sinn, und ich formte es mir um: ›Wer
das Reich Gottes nicht annimmt wie ein Kleinbauer ...‹
Es geht ja bei den Worten ›Kinder‹ und ›Kleinbauer‹
nicht um die Zugehörigkeit zu einer sozialen Gruppe,
sondern um eine innere Einstellung, die gekennzeich-
net ist durch unverstellte Offenheit, durch Bereitschaft
zum Hören und durch den Sinn für die ›einfache(n)‹
Wahrheit(en), die das Leben an uns heranträgt.« Und
dann stellte Herr S. in seinem Brief die Frage: »Könnte
es nicht sein, dass auch ein Städter irgendwann einmal,
vielleicht schon in seiner Kinderzeit, die Erfahrung des
liebenden Gottes gemacht hat und dass er weiß, dass es
nicht der Drohung mit der Finsternis bedarf, um sich
am Licht zu freuen?« – Die Antwort darauf hat Herr S.
sich gleich selbst gegeben: »Wenn ein solcher Mensch
spürt, dass diese Erfahrung der Liebe stärker ist als jene
Teile der Bibel, die dazu nicht passen wollen, und wenn
er dann einen ›Kleinbauern‹ trifft, der ihm durch seine
Worte und durch seine Art verdeutlicht, dass man die
Bibel wegen des ›Störenden‹ darin nicht beiseite lassen
muss, sondern dass man sie von ihrer Mitte her – die
irgendwie auch seine Mitte ist – lesen und verstehen
kann, dann hat er die Chance, bisweilen die eine oder
andere Wahrheit zu erspüren, die so klar ist, dass sie sich
in manchen Momenten sogar mit einfachen Worten
wiedergeben lässt. So irgendwie könnte es sein ...«

Und einmal, da hat mir Herr S. geschrieben: »Ja,
Jesus ist ein ›Kleinbauer‹ durch und durch. Denn die

Dinge, von denen er spricht, leuchten ohne intellektuellen Kraftakt unmittelbar ein und können durch Einfühlung als wahr erkannt werden. Überhaupt fällt glauben viel leichter, wenn man sich den ›gefühlten‹ Wahrheiten mit ihrer inneren Evidenz überlassen kann.«

Über dumme Mädels lacht ihr ...

Ich muss noch einen Witz erzählen. Einen von Jesus. Oder den Jesus zumindest weitererzählt hat; man weiß ja bei Witzen nie, woher sie eigentlich sind und wer sie sich ausgedacht hat. Ich meine den mit den dummen Mädels, in Kirchenhochdeutsch auch bekannt als »Das Gleichnis von den zehn Jungfrauen«. Er geht so: *Mit dem Himmelreich wird es sein wie mit zehn Jungfrauen, die ...*

Nein, ich erzähle wohl doch erst einen anderen, aus unserer heutigen Zeit. Dann verstehen wir den, den Jesus damals erzählt hat, auf Anhieb. Ich habe ihn vor Jahren von einem Mitbruder gehört, der in einem Kloster in Bayern lebt, und dann später noch einmal von einer Frau aus Wien: Ein Bayer und ein Österreicher gehen Schnecken sammeln. Als sie sich nach drei Stunden wieder treffen, hat der Bayer den Korb ganz voll, aber der Österreicher hat in seinem Korb keine einzige Schnecke drin. (Die Frau aus Wien hat das natürlich ganz anders erzählt: Der Österreicher hätte den Korb voll gehabt, der

Korb des Bayern wäre leer gewesen.) Fragt der Bayer den Österreicher: »Nanu?« Sagt der Österreicher: »Naaa jaaa, immer wenn ich eine fangen wollte – huuuuuusch, da war sie auch schon weeeg!«

Als ich diesen Witz zum ersten Mal hörte, war mir sofort klar: Der hätte Jesus auch gefallen! Den würde er heute erzählen, wenn er – er selbst – nach Bayern oder Österreich käme. In beiden Versionen, je nachdem wo er gerade zu den Leuten sprechen würde. Und wenn sie dann alle mit dem Lachen einigermaßen fertig wären, würde er ihnen mit seinem ganz eigenen Augenzwinkern ganz in Ruhe auf den Kopf draufzu sagen: »Seht ihr, über die Österreicher (über die Bayern) lacht ihr. Und ihr selbst? Ihr seid genauso lahm und träge, jedenfalls wenn es um das Reich Gottes geht. Lebt wach! Sonst werdet ihr Schlafmützen noch den Himmel verschlafen!«

Ich denke, das würde Eindruck machen! Bei den Bayern ebenso wie bei den Österreichern. Mir hat es ja auch zu denken gegeben, und deshalb habe ich diesen Witz schon oft weitererzählt. Immer natürlich mit den Schlussworten wie eben – mit denen nämlich auch das Jungfrauengleichnis endet. Ich habe es nur nicht so stadtmenschmäßig formuliert, wie es in der Bibel steht: *Seid also wachsam! Denn ihr wisst weder den Tag noch die Stunde*, sondern wieder mehr in der Kleinbauernsprache Jesu.

Den Witz von damals, das Jungfrauengleichnis, hat uns Matthäus überliefert, im 25. Kapitel seines Evangeliums. Aber er hat ihn leider so aufgeschrieben, dass kein Mensch mehr darüber lachen kann. Ich gebe gern zu: Hätte ich nicht in einigen Büchern von Bibelexperten ein paar entsprechend erhellende Hinweise gefunden, würde auch ich noch immer herumrätseln, wie denn dieses seltsame Gleichnis zu verstehen sei. Vielen Menschen macht es sogar Angst, manchen noch mehr als die Hochzeitsgewandgeschichte oder andere furchteinflößende Bibelstellen.

Nur die Höllenprediger haben sich darüber gefreut. Ihnen war es immer schon ein Vergnügen, das Wort des Bräutigams an die törichten Jungfrauen ins Gottesvolk hineinzurufen: *Wahrlich, ich sage euch: Ich kenne euch nicht!* Als ob darin die Pointe läge! Man muss doch die ganze Geschichte hören und darf dann vor allem die Schlussworte Jesu, also die Moral von der Geschicht', nicht übergehen: »Lebt wach! Sonst verschlaft ihr sogar noch den Himmel!«

Die Leute damals haben diese alte Ulkgeschichte – sie soll übrigens schon lange vor Jesus bekannt gewesen sein – verstanden. Sie konnten noch von Herzen darüber lachen. Auf jeden Fall die Kleinbauern, zumal es sich hier um eine Dorfhochzeit handelt und sie ja wussten, wie das ist, wenn in einem Dorf geheiratet wird:

Am Hochzeitstag kommen die Mädchen des Dorfes im Brautvaterhaus zusammen und warten mit ihrer Freundin, der Braut, auf das große Ereignis. Das fand, wie bei der Hochzeit des Königssohnes im Hochzeitsmahlgleichnis, immer erst irgendwann am Abend statt. Denn erst einmal saßen der Brautvater und der Bräutigamvater im Bräutigamvaterhaus zusammen und handelten den Brautpreis aus, und das konnte sehr, sehr lange dauern. Die Freundinnen mussten also warten, bis endlich die Meldung kam: »Es ist so weit! Der Bräutigam wird nun gleich ins Brautvaterhaus kommen und die Braut zur Hochzeit holen!« Da war es in der Regel längst dunkel geworden, und deshalb war es Brauch, dass dann die Freundinnen den Brautzug mit Öllampen durch die dunklen Dorfstraßen begleiteten. Jedes Mädchen wusste das und hatte natürlich eine Öllampe mitgebracht. Und selbstverständlich auch einen Krug mit Öl, um die Lampe nachzufüllen. – So war das üblich, so kannten das die Leute, die Jesus zuhörten.

Und nun wird in dieser Geschichte erzählt: Da waren doch einmal unter den Mädchen so ein paar Träumsusen, die hatten an solch einem Hochzeitstag alles Mögliche im Kopf, nur an das Wichtigste, an genügend Öl, hatten sie nicht gedacht! Es ist doch klar, dass Kleinbauern schallend lachen, wenn sie das hören! Vor allem die Kleinbauernjungs. Die denken natürlich sofort an die heiratswilligen Mädchen in ihrem Dorf ... Na, und die Stadtjungs erst! Wir wissen ja, wie die manchmal sowieso schon über die Dorfjugend denken. Und wenn das dann noch einer erzählt, der wirklich erzählen kann! Da lacht auch jeder mit, der den Witz schon x-mal gehört hat ... Übrigens, sogar ein sehr bekannter Gleichnisausleger schreibt in einem Kommentar zu genau dieser Stelle: »Man könnte über diese fünf Brautjungfern, die erst kein Licht und anschließend das Nachsehen haben, herzlich lachen ...« – Ja, hätte er doch!

Wenn dann der Bräutigam in der Geschichte auch noch zu den Träumsusen, nachdem sie endlich auch da sind, sagt: »Wer seid ihr denn? Euch kenne ich ja gar nicht!«, dann können sich junge Dorfkleinbauern doch nicht mehr halten vor Lachen! Und genau das ist der Moment, wo Jesus ihnen allen, gleich ob sie vom Dorf sind oder aus der Stadt, etwas klarmachen kann: »Seht ihr, über diese dummen, verschlafenen Mädels lacht ihr. Und ihr selbst? ... Lebt wach! Geht wach durch euer Leben, glaubt Gott doch endlich, dass er wie ein Abba zu euch ist! Macht die Augen auf und packt's an! Das Reich Gottes ist jetzt schon da und will gelebt werden!« Was er den Bayern und den Österreichern sagen würde, sagt er auch ihnen: »Wenn ihr Schlafmützen so weitermacht, werdet ihr auch den Himmel noch verschlafen! Und wann der Himmel beginnt, das wisst ihr nicht. Du kennst den Tag und die Stunde nicht, wann Gott dich heimholt.«

Noch eine Kleinigkeit dazu. Nur, um keinen falschen Verdacht aufkommen zu lassen: Man hat im Volk Israel nicht etwa nur über dumme Mädchen gelacht, sondern genauso über dumme Jungs. Beleg dafür ist die jüdische Geschichte von den Gästen ohne Festgewand, die ich schon erwähnte und die sogar in den TALMUD aufgenommen wurde. Dort ist nämlich auch von »klugen Knechten« und »dummen Knechten« die Rede. Von dummen Jungs und dummen Männern also. Ich habe zwar schon erzählt, wie diese Geschichte endet, aber hören wir den Schluss ruhig noch einmal im Originalton: »Es freute sich der König über die Klugen und zürnte über die Dummen. Er sagte: Die sich für das Mahl geschmückt haben, sollen sitzen, essen und trinken; die sich für das Mahl nicht geschmückt haben, sollen stehen und zuschauen.«

Wach leben. Jetzt! Das Leben nicht verschlafen. Erkennen, was von Gott her im Gange ist. Ihm die Liebe glauben, die er zu uns allen hat, und daraus leben – ganz. Dazu wollte Jesus die Leute in Galiläa – und überall, wohin er kam – ermuntern. Oft hat er sie, um sie aus ihren trübseligen, düsteren Gedanken herauszuholen, erst einmal zum Lachen gebracht. Jemanden zum Lachen bringen, das ist wie seinen inneren Acker pflügen. Und in das vom Lachen aufgebrochene Herz hinein konnte Jesus dann seinen Weizen säen ...

Herr S., als Gelehrter ja sehr belesen, hat übrigens herausbekommen, dass ein berühmter jüdischer Theologe – er heißt Martin Buber (gestorben 1965) – gesagt habe: »Der Humor ist der Milchbruder des Glaubens.«

Es ist wirklich jammerschade, dass die Stadtmenschevangelisten an keiner Stelle schreiben, wie herzlich Jesus gelacht hat und wie sehr er die Leute zum Lachen bringen konnte. Und seine Witze haben sie auch noch verdorben! So sehr verdorben, dass man es buchstäblich mit der Angst zu tun bekommen muss! Da ist es ja kein Wunder, dass es die Künstler in zweitausend Jahren so gut wie nie fertiggebracht haben, auch einmal einen lachenden Jesus zu malen. Leider hatte ich in Zeichnen immer nur eine 3, sonst hätte ich mir längst schon selbst einen gemalt.

Einen mit einem Kleinbauerngesicht.

Nährt euch vom Weizen!

Auf ein Gleichnis muss ich noch hinweisen, auf ein einziges noch, dann ist wirklich genug geschrieben! Natürlich ist es wieder ein Gleichnis aus dem bäuerlichen Leben. Matthäus hat es überliefert, und da ahnen wir schon ...

Es handelt sich um die Geschichte, die von den meisten Bibelüberschriftenmachern »Das Gleichnis vom Unkraut unter dem Weizen« genannt wird. Es steht im 13. Kapitel des Matthäusevangeliums. Dort hat Matthäus viel aus dem 4. Kapitel des Markusevangeliums übernommen und fast wörtlich abgeschrieben, unter anderem auch das Sämanngleichnis – samt allegorischer Deutung – und das Gleichnis vom Senfkorn. Da Matthäus aber noch von einem weiteren Saatgleichnis Jesu wusste, hat er es an dieser Stelle mit eingefügt. Seiner Meinung nach hat es Jesus am selben Tag und vor denselben Leuten erzählt wie die anderen Gleichnisse vom Säen. Glauben wir es ihm einmal und stellen wir uns in Gedanken wieder mit unter die Zuhörer am Ufer des Sees Gennesaret. Und hören wir Jesus zu, der vom Boot aus zu uns spricht.

»Noch etwas sehr Wichtiges muss ich euch sagen«, so fährt Jesus also fort. Alle um mich herum sind gespannt. »Mit dem Reich Gottes, in dem wir jetzt schon leben, ist es nämlich so eine Sache!« Damit alle auch verstehen, was ihm da so wichtig ist, wählt er wieder einen Vergleich. Ich weiß natürlich schon, was jetzt kommt. In meiner EINHEITSÜBERSETZUNG beginnt die Geschichte so: Mit dem Reich Gottes ist es *wie mit einem Mann, der guten Samen auf seinen Acker säte. Während nun die Leute schliefen, kam sein Feind, säte Unkraut unter den Weizen und ging wieder weg.* In der LUTHERBIBEL steht es fast genauso. Das stimmt so in etwa mit dem überein, was uns Jesus nun erzählt.

Ein Wort aber, das stimmt nicht! Jesus sagt gar nicht »Unkraut«. Er sagt »Tollkraut«! Und die Leute um mich herum scheinen zu wissen, was er meint. »Oi oi oi, das böse Zeug!«, entfährt es einem alten, erfahrenen Bauern neben mir. Ich habe, Gott sei Dank, meine griechische Bibel mit dem Originaltext von Matthäus dabei. Tatsächlich, da steht: *zizánia!* Matthäus war's diesmal also nicht. Der hat völlig richtig hingeschrieben »Tollkraut«. Da muss wohl wieder den Übersetzern ein Fehler unterlaufen sein! Städter! Für die ist eben

Unkraut gleich Unkraut. Aber Jesus spricht von einer ganz bestimmten Sorte Unkraut. Und dieses »böse Zeug« zu kennen, so merke ich an meinem Nebenmann, muss nicht ganz unwichtig für das Verständnis der Gleichnisgeschichte sein.

Machen wir uns also kundig. Wer noch lebendige Erinnerungen an seine Jungbauernzeit hat, kennt das Tollkraut womöglich, vielleicht nur unter anderem Namen, denn je nach Gegend wird es auch Rauschgras, Schwindelweizen, Taumellolch oder wilder Weizen genannt. Wenn ja, dann ist für ihn die Sache klar. Bauern und Bäuerinnen der jüngeren Generation jedoch wissen kaum noch um die Gefährlichkeit dieses Krauts, denn durch die chemische Unkrautbekämpfung hat es sich rar gemacht auf ihren Feldern.

Bei meinem botanischen Gewährsmann, im Buch PFLANZENWELT DER BIBEL, heißt es, der Taumellolch sei »ein Gras«, das damals im jüdischen Volk als »entarteter Weizen« galt. Es hat, so schreibt er, queckenartige Wurzeln, sieht »dem jungen Weizen sehr ähnlich«, und auf seinen Körnern siedelt sich fast immer ein Pilz an, der »das giftige Alkaloid Temulin ($C_7H_{12}N_2O$)« produziert. Gerät der Lolch in entsprechender Konzentration mit ins Mehl hinein, führe das zu »Schwindel und anderen unangenehmen Folgen, gelegentlich sogar zum Tod«. – Da haben wir's! Jetzt verstehe ich den alten Bauern neben mir. Wirklich, ein böses Zeug! Jesus hat inzwischen weitergesprochen, aber im Matthäusevangelium habe ich ja die Zusammenfassung: *Als die Saat aufging und sich die Ähren bildeten, kam auch das Unkraut zum Vorschein.* Nein, schon wieder Unkraut! Da lese ich lieber in der Übersetzung von Fridolin Stier nach. Dieser katholische Bibelexperte (gestorben 1981) stammte nämlich aus dem Allgäu, aus einem Dorf – und das merkt man sofort: *Als aber,* heißt es in seiner Ausgabe des Neuen Testaments, *der Grünhalm geschossen und fruchtträchtig geworden, da erschien auch das Tollkraut.*

Jesus führt gerade vor, wie sich zur Erntezeit die schweren, »fruchtträchtigen« Weizenähren bescheiden nach unten beugen und das Tollkraut mit seinen paar Körnchen stolz die Nase nach oben streckt, weit über den Weizen hinaus. *An ihren Früchten werdet ihr sie erkennen,* hat Jesus ein andermal gesagt (Matthäus, 7. Kapitel). Amüsiert hören die Leute zu, und die Kinder ahmen seine lustige Pose nach. *Da kamen die Knechte des Hausherrn herbei und sprachen zu ihm: Herr, hast du nicht guten Samen in deinen Acker gesät? Woher hat er das Tollkraut? Er sprach zu ihnen: Ein feindseliger Mensch hat das getan.*

Stimmt, so ungefähr erzählt es Jesus auch. Nur, dass Fridolin Stier aus dem »Gutsherrn« einen »Hausherrn« macht. Den Grund kann ich mir gut denken: Er kann es nicht haben, dass Jesus sich – oder Gott selbst? – mit einem Großbauern vergleicht! Aber Jesus sagt wirklich (laut Matthäus): *die Knechte des Gutsherrn.* Bei Jesus können eben auch mal Großbauern ein Herz von Kleinbauern haben, das wissen wir ja.

Und während ich noch in Gedanken und wohl für einen Moment abwesend war, bricht um mich herum eine regelrechte Lachsalve los ... Wie Matthäus schreibt, hatte Jesus gerade erzählt: *Da sagten die Knechte zu ihm: Sollen wir gehen und es ausreißen?* – Hinter mir ruft jemand laut kichernd: »Haben die denn ein Getreidefeld schon mal aus der Nähe gesehen?«, und ein anderer: »Der hat wohl Städter bei sich angestellt!« Der alte Bauer neben mir zweifelt einen Augenblick lang gar an Jesus selbst: »Ist der wirklich vom Lande?«, doch dann lacht er herzhaft und tiefkehlig mit, als er sieht, wie Jesus einen der Knechte nachmacht, der ganz ratlos vor seinem Gutsherrn steht ...

Wie froh bin ich in diesem Augenblick, dass ich wenigstens bis zum vierzehnten Lebensjahr ein Bauer war. Selbstverständlich kann man, das ist mir sofort wieder klar, nicht durch das Getreidefeld latschen und das Tollkraut herausrupfen! Das ganze Feld wäre danach ja einem Schlachtfeld gleich! Und nicht nur, dass man dabei den Weizen niedertrampeln würde; man würde mit dem starken Wurzelwerk des Lolchs auch den Weizen aus dem Ackerboden ziehen. – »Nein!«, ruft Jesus laut und wechselt dabei die Position, nun für uns den Gutsherrn mimend. Wieder hat Petrus alle Mühe, das schaukelnde Boot in Balance zu halten. Jesus wendet sich ihm zu, als sei er einer von den hilflosen Knechten, und streicht ihm gütig über den Kopf: »Sonst reißt du mit dem Tollkraut auch den Weizen aus!«

Jetzt wissen natürlich alle, wie die Geschichte weitergeht. Wie sie weitergehen muss! Dass nämlich jeder vernünftige Mensch die Erntezeit abwartet. Wenn dann die Männer mit ihren Sicheln das Getreide mähen (die Sense wurde erst ein paar Jahrhunderte später von den Kelten erfunden) und die Frauen hinter ihnen her die Halme zu Garben binden, wird das Tollkraut sorgsam ausgelesen. Die Kinder sammeln es auf und werfen es auf Haufen, es wird zu kleinen Bündeln geschnürt und ins Dorf gebracht. Fürs Feuer zum Kochen und Backen ist es ja immerhin ganz gut zu gebrauchen. Aber es darf um Himmels willen nicht mit ins Brotgetreide geraten! Findet die Kleinbauernmutter beim Mahlen der Körner auch nur das kleinste schwarze Lolchkörnchen unter den goldgelben Weizenkörnern, klaubt sie es heraus und wirft es mit ins Feuer hinein. Und bevor der Kleinbauernvater im Herbst den Acker wieder einsät, macht er es beim Saatgut genauso. Tollkrautsamen gehören ins Feuer, nicht ins Mehl und nicht aufs Feld. Nur »feindselige Menschen« verbrennen die Lolchsamen nicht, sondern stecken sie in ein Säckchen, um heimlich, wenn die Leute schlafen ...

Das alles wissen die Leute hier am Ufer des Sees Gennesaret, Jesus hätte es gar nicht eigens sagen müssen. Aber den letzten Satz, den betont er doch sehr und spricht ihn mit Sorge aus und mit tiefem Ernst in den Augen: »Den Weizen, den Weizen bringt in die Scheune!« – Nun ist auch mir klar, was Jesus meinte, als er sagte, mit dem Reich Gottes sei es »so eine Sache«. Ja, jetzt in dieser Erdenzeit, da ist es mit der Religion tatsächlich so eine Sache: Nicht alles, was fromm klingt und fromm aussieht, was als »gut katholisch« oder »ganz evangelisch« gilt, ist es auch wirklich! Da ist der gute, nahrhafte »Weizen«, und dicht daneben, dem Echten und Nahrhaften sehr ähnlich, gedeiht das »böse Zeug«, das Giftige, das Krankmachende und Tötende ...

»Und darum«, betont Jesus noch einmal, »gebt acht, wovon ihr euch und eure Kinder ernährt und was ihr aussät auf den Acker der Menschenherzen!« Petrus, der Menschenfischer, hat nun auch verstanden – man sieht es an seinem nachdenklichen Gesicht.

Auch ich bin ganz in Gedanken versunken, als mich plötzlich jemand anspricht. Es ist Herr S. Er steht auch hier am Ufer, mitten unter den Leuten, die Jesus zuhören – ich hätte es mir denken können. »Wie aber ist es denn dann möglich«, fragt er mich, »dass bei Matthäus nur ein paar Zeilen weiter eine ganz andere Deutung dieser Gleichniserzählung zu lesen ist? Da steht doch, Jesus habe den Jüngern erklärt, der Weizen, das seien *die Söhne des Reiches Gottes*, und der Lolch *die Söhne des Bösen*. Ist das wieder, ähnlich wie im Markusevangelium beim Sämanngleichnis, eine allegorische Deutung, die also nicht von Jesus, sondern vom Evangelisten stammt? Jedenfalls passt doch diese Deutung überhaupt nicht zu Jesus, weder zu seinem Gottesbild noch zu seinem Menschenbild. – Und dann der Schluss: Die Weizen-

menschen kommen in den Himmel, und die Unkrautmenschen werden in den Ofen geworfen, *in dem das
Feuer brennt. Dort werden sie heulen und mit den Zähnen
knirschen* – das ist doch wieder der beliebte Kraftausdruck des Matthäus, oder?« – »So ist es«, kann ich da
Herrn S. nur beipflichten. »Es gibt die verschiedensten
Arten von Menschen: Es gibt junge und ältere, es gibt
fröhliche und grimmige, kluge und dumme, gutgesinnte
und feindselige. Und es gibt selbstverständlich Kleinbauern und Städter. Aber es gibt nicht Weizenmenschen und
Unkrautmenschen!«

Eigentlich wollte ich noch sagen, dass das Weizen-
und-Tollkraut-Gleichnis auch im schon genannten THO-
MASEVANGELIUM steht und dass dem Schreiber dieser
Schrift die Deutung, die Matthäus überliefert, unbe-
kannt ist. Doch Herr S. selbst führt meine Gedanken
fort: »Ja, der Weizen und das Tollkraut, also das Echte
und das Giftige im religiösen Leben, kann auf dem Acker
eines jeden Menschen wachsen. Auch auf meinem ...«
Ganz besinnlich ist er geworden, und dann fügt er noch
hinzu: »Auch auf dem Acker der Kirche ... Aber muss
man dann nicht den Matthäus an dieser Stelle von der
Mitte der Botschaft Jesu her korrigieren?« – Herr S. ist
herzensklug.

So weint nur Gott

Einige Bischöfe und Theologen von ganz früher – wir nennen sie heute die Kirchenväter – haben das, was Gott wollte, so auf den Punkt gebracht: »Gott wurde Mensch, damit der Mensch Gott werde« – damit wir einmal für immer und ewig, so hat später mein Ordensvater Johannes vom Kreuz hinzugefügt, »am Leben Gottes teilhaben, zugesellt der Heiligsten Dreifaltigkeit, mitwirkend deren Werke«. Nun, wir wissen ja, ganz recht hatten sie nicht, allesamt. Richtig muss es heißen: »Gott wurde Kleinbauer, damit ...« Wahr aber ist, dass Jesus den Weizen des Gottesreiches aussäte, »damit der Mensch Gott werde«. Damit wir Menschen nämlich die gleiche Gesinnung bekommen, wie Gott sie hat, jetzt schon ein bisschen, und dann, in Gottes Ewigkeit, ganz und vollkommen. Genau deshalb lässt der Abba-Gott es regnen, damit der Weizensame der Frohbotschaft Jesu in uns allen gut keimt und wächst, auf dem Herzensacker der Dorfleute und der Städter, der Kleinbauern und der Großbauern, der Fischer und der Menschenfischer, der Klugen und der Törichten, der Gutgesinnten und der Feindseligen; und er lässt seine Sonne scheinen, damit alles reift und »fruchtträchtig« wird – in den Herzen *der Guten und der Bösen* und *der Gerechten und der Ungerechten.*

»Leute, ihr seid etwas wert – für Gott jedenfalls!«, das war die Frohbotschaft, die Jesus aussäte. Er sagt zu uns:

»Mögen andere von euch denken, was sie wollen; mögt ihr euch auch selbst für hoffnungslose Fälle halten: Gott hält auf euch große Stücke! Und er baut auf euch! Er will mit euch zusammen ein großes Ziel verwirklichen: sein Reich für immer. Jetzt schon hat er damit begonnen. Und wenn es einmal auf Erden mit euch zu Ende geht, fängt in seiner Ewigkeit erst alles richtig an. Denkt doch nicht: ›Einmal ist sowieso alles aus ...‹! Ihr seid ihm viel zu viel wert, als dass er euch nach ein paar Erdenjahren wieder ins Nichts fallen lassen würde. Ihr seid kein Weizenkorn, das stirbt, wenn es in die Erde fällt; ihr seid das Weizenkorn, das wächst! Denn in Gottes Ewigkeit wird alles Kostbare, was jetzt so klein wie ein Senfkorn ist und gerade mal zu keimen begonnen hat, in Blüte stehen: eure Freude aneinander, eure Liebe zueinander ... Nein, ausmalen kann sich das keiner. Aber wachsen lassen könnt ihr es, denn – merkt ihr es nicht? – es wächst doch schon! Also lebt jetzt schon, so gut ihr jetzt könnt, was dann einmal sein wird! Dann lebt ihr auch jetzt schon wirklich und vegetiert nicht nur. Und vergesst das Lachen nicht, es ist das Tor zum Herzen Gottes, auf Erden wie im Himmel!« – So ähnlich jedenfalls und viel schöner noch und berührender in seiner Kleinbauernsprache hat Jesus zu den Leuten gesprochen.

Und das alles hat er ja nicht nur geredet. Reden kann einer viel. Nein, er war so, wie er redete. Mehr noch: Er war so wie sein Gott! Er hatte denselben Charakter. Er hatte eine Liebe zu den Leuten, wie sie sonst keiner hatte – und eine Liebe zu Gott, wie man sie nirgends sonst noch einmal findet. Viele geben sich ja Mühe – ich auch –, aber mit ihm kann keiner mithalten. Einmal hat einer gesagt: »So Mensch sein wie Jesus kann nur Gott« – so klar und deutlich reden, so tief berühren, so jeden Hinz und Kunz ernst nehmen, so herzlich lachen ...

Und so weinen. Ja, Lukas hat es aufgeschrieben, im 19. Kapitel seines Evangeliums: Als Jesus wieder einmal nach Jerusalem kam und von den Hügeln aus die Stadt vor sich sah, *da weinte er über sie und sagte: Wenn doch auch du an diesem Tag erkannt hättest, was dir Frieden bringt. Jetzt aber bleibt es vor deinen Augen verborgen.* So weinen darüber, dass Menschen an ihrem tiefsten Glück vorbeilaufen, so weinen kann nur Gott – und eines solchen Gottes Sohn.

Trau dich – und trau meinem Abba!

Meiner Erfahrung nach haben Menschen wie meine Ordensmutter Teresa von Ávila recht, wenn sie uns raten, man solle sich beim Bibellesen immer in Gedanken mitten unter die Leute von damals stellen. Man versteht Jesus dann wirklich besser. Dann ist es wirklich so, wie wenn Jesus seine Frohbotschaft direkt an uns selbst richten würde. Ich mach das, wie gesagt, auch manchmal so, und einmal, da habe ich mir aufgeschrieben, was Jesus in manchen stillen Stunden zu mir sagt, damit ich es nicht so schnell wieder vergesse. Das Wichtigste zumindest – das, was die Quintessenz aller seiner Worte ist. Ich tippe es hier einfach mal ab, und wer will, kann ja beim Lesen statt meinem Namen seinen eigenen Namen einsetzen. Aber hören, wie Jesus es sagt, muss es jeder natürlich selbst. Mit seinen eigenen Kleinbauern-ohren.

»Reinhard«, so höre ich Jesus zu mir sagen, indem er mich anblickt mit leuchtenden Augen, »du bist mehr als du selbst von dir hältst! Du bist nicht der Schönste, nicht der Sportlichste, warst nie der Gesündeste, bist immer geneigt, niedergedrückt und in Sorge zu sein. Und so ein ganz echter Kleinbauer bist du auch nicht geworden ... Doch schau hin: Das Leben hat dich, genau dich gewollt! Und ›das Leben‹ – das ist mehr als Biologie und Zufall und Naturgesetz. Die große Kraft, durch die alles da ist, was da ist – das ist mein Gott! Einer mit Verstand und Wille. Und mit Liebe, schier unglaublicher Liebe! Diesem Großen, dem bist du wichtig! Trau ihm, und leb als der, der du bist. Intensiv, nicht mit Angst und mit angezogener Bremse. Nenn ihn, wie ich, einfach ›Abba – lieber Vater‹, oder denk dir den schönsten Namen für ihn aus, den du in deinem Herzen findest. Und trau dich zu denken: Ich, Reinhard, bin sein geliebter Sohn, ihm unheimlich viel wert! Das trau dich auch dann noch, wenn du vor Scham und Selbstanklage am liebsten zer-knirscht im Boden versinken wolltest oder du weder dir noch sonst jemandem noch gut sein kannst. – Und, Reinhard, schau wie mit Gottes Augen die Welt um dich herum an. Mit Herz und Verstand und mit entschlossenem Willen. Und mit Liebe, mit seiner göttlichen Liebe. Das kannst du, denn nichts weniger als seinen Charakter – seinen Verstand, seinen Willen und seine Liebe – hast du, sein Sohn, von ihm geerbt. ›Der Apfel fällt nicht weit vom Stamm!‹ – glaub mir, das gilt auch von dir. Dann wirst du die Welt um dich herum und die Menschen neben dir mit neuen Augen sehen ... Ja, es ist wahr: Dann wird in dir auch der Schmerz erwachen angesichts von all dem, was wie Tollkraut Leben und Würde zerstört; dann wirst du zu leiden haben unter Torheit, Gleichgültigkeit und Lieblosigkeit – und nicht zuletzt wirst du an deiner eigenen Unvollkommenheit leiden und an all dem Auf und Ab in deinem Leben, an den Disteln und dem Felsgestein und den festgetretenen Trampelpfaden auf deinem Seelenacker. Dann wirst du die Sehnsucht nicht mehr loswerden, dass die Welt einmal sein möge wie unser Gott ... Und du wirst dir das Herz verbrennen. Denn Liebe – solche Liebe, wie der Gott des Lebens sie in dich gelegt hat – will Ewigkeit. Dann trau deinem Abba, Reinhard, dass er auch im Tod, in deinem Tod und im Tod derer, die du liebst, nicht enden lassen wird, was er jetzt schon so verheißungsvoll mit euch begonnen hat ...«

Er, Jesus, hat seinem Gott getraut. Ich versuche es. Es gelingt mir mal mehr und mal weniger. Aber eine bessere »Lehre« vom Leben als seine habe ich nirgends gefunden. Sie macht etwas mit mir. Mit Herrn S. auch. Mit jedem Menschen. Mit jedem aus der Stadt und mit jedem vom Dorf, mit jedem Mann, jeder Frau und jedem Kind. Wer sich auf die Frohbotschaft Jesu einlässt, muss nicht einmal ein echter Kleinbauer sein. Aber er wird einer werden …

Weil Jesus einer war.

Nachweis der Zitate

S. 22 *Joachim Habbe*, Palästina zur Zeit Jesu. Die Landwirtschaft in Galiläa als Hintergrund der synoptischen Evangelien, Neukirchen-Vluyn 1996, S. 77.

S. 27f *Joachim Habbe*, a.a.O., S. 97 und 83.

S. 34 *F. Nigel Hepper*, Pflanzenwelt der Bibel. Eine illustrierte Enzyklopädie, Stuttgart 1992, S. 133.

S. 46 Thomasevangelium 64; in: Das Neue Testament und frühchristliche Schriften, übersetzt und kommentiert von *Klaus Berger* und *Christiane Nord*, Frankfurt/M. 1999, S. 646–669.

S. 55f Thomasevangelium 64, a.a.O.

S. 74f Katechismus der Katholischen Kirche, München 1993, S. 295 (Nr. 1033).

S. 75 Katholischer Erwachsenen-Katechismus. Das Glaubensbekenntnis der Kirche, herausgegeben von der Deutschen Bischofskonferenz, Bonn 1985, S. 423.

S. 83f *Benedikt XVI.*, Deus Caritas est, Nr. 1 und 7.

S. 92 *Edith Stein*, Selbstbildnis in Briefen I (ESGA 2), Freiburg-Basel-Wien 2002, S. 164.

S. 93f *Eugen Biser*, Die Entdeckung des Christentums. Der alte Glaube und das neue Jahrtausend, Freiburg-Basel-Wien 2000, S. 260 und 83.

S. 94f Plädoyer für einen großherzigen Gott. Michael Broch im Gespräch mit Eugen Biser, Stuttgart 2006, S. 33.

S. 103 *Josef Imbach*, Und lehrte sie in Bildern. Die Gleichnisse Jesu – Geschichten für unsere Zeit, Würzburg 1995, S. 157.

S. 104 Aus dem Talmud, zitiert nach: *Josef Imbach*, a.a.O., S. 152.

S. 107 *F. Nigel Hepper*, a.a.O., S. 88.

S. 108 Das Neue Testament. Übersetzt von *Fridolin Stier*, herausgegeben von *Eleonore Beck*, *Gabriele Miller* und *Eugen Starz*. München/Düsseldorf 1989, S. 36.

S. 112 Thomasevangelium 57, a.a.O.

S. 113 *Johannes vom Kreuz*, Der Geistliche Gesang, Freiburg-Basel-Wien 1997, Kap. 38,4.

Inhalt

Die erfolgreiche »Kleinbauern«-Trilogie

Jesus, davon ist Pater Reinhard Körner überzeugt, spricht den »Kleinbauern« in uns allen an: den Menschen, der erdverbunden, geradeheraus und authentisch leben möchte, mit Herz und Verstand in der Tiefe verwurzelt und ausgestreckt in die Höhe und Weite des Himmels. Die Zeit ist reif, Jesus, dem wunderbarsten Kleinbauern der Welt, noch einmal mit den Ohren der Leute aus Galiläa zuzuhören. Gerade sie, die einfachen Leute vom Lande, haben ihn verstanden, seinen tiefen Ernst, sein Augenzwinkern und sein herzliches Lachen.

Pater Reinhard Körner stellt sich unter die einfachen Leute am See Gennesaret und lauscht wie sie den Gleichnissen Jesu. Er lässt sich wie sie beeindrucken von der Lebensnähe sowie vom Humor des Rabbi aus Nazaret und sich begeistern von der Idee des Reiches Gottes. Und er merkt plötzlich, dass dessen Frohbotschaft in den zurückliegenden Jahrhunderten verfälscht und häufig zu einer Drohbotschaft wurde. Schuld daran sind, so Reinhard Körner, vor allem Städter, die von der Lebensweise auf dem Lande keinen blassen Schimmer haben. Es wird also höchste Zeit, selbst zum Kleinbauern zu werden ...

Vier-Türme-Verlag, 97359 Abtei Münsterschwarzach
Telefon 09324 / 20 292, Telefax 09324 / 20 495
Bestellmail: info@vier-tuerme.de
www.vier-tuerme-verlag.de

Reinhard Körner
Jesus für Kleinbauern
und solche, die es werden wollen

123 Seiten, Taschenbuch
ISBN 978-3-89680-368-9

Reinhard Körner
Jesus braucht Kleinbauern
und solche, die es werden wollen

121 Seiten, Taschenbuch
ISBN 978-3-89680-415-0

Reinhard Körner
Aller guten Dinge sind drei
Jesus bleibt Kleinbauer

127 Seiten, Taschenbuch
ISBN 978-3-89680-478-5

Hinführung zum „Inneren Gebet"

Reinhard Körner
Was ist Inneres Beten?

95 Seiten, broschiert
ISBN 978-3-87868-616-3

Beten kann die unterschiedlichsten Formen annehmen: allein oder gemeinsam, wortlos oder worthaft, vorgegeben oder frei. Entscheidend ist, ob sich mit dem Gebet eine besondere innere Wachheit und Aufmerksamkeit verbindet.

Diese geistige Haltung, die uns im Idealfall durch alle Situationen des Alltags hindurch begleitet, versteht Reinhard Körner als „Inneres Beten". Er beschreibt die wechselvolle Geschichte dieses Begriffs und versucht eine Anleitung, wie das Innere Beten gelingen kann.

Als Starthilfe gibt der Autor seinen Leserinnen und Lesern Texte geistlicher Meister mit auf den Weg, die sich ebenfalls mit der Haltung des Inneren Betens beschäftigen und dieses Thema aus verschiedenen Winkeln beleuchten.

Vier-Türme-Verlag, 97359 Abtei Münsterschwarzach
Telefon 09324 / 20 292, Telefax 09324 / 20 495
Bestellmail: info@vier-tuerme.de
www.vier-tuerme-verlag.de

Die Bergpredigt in neuem Licht

Jonathan Düring
Der Gewalt begegnen
Selbstverteidigung mit der Bergpredigt

141 Seiten, broschiert
ISBN 978-3-87868-650-7

Gewalt ist heute häufig Bestandteil des alltäglichen Lebens. Kinder werden in der Schule von Mitschülern schikaniert, Arbeitnehmer von Vorgesetzten oder Kollegen gemobbt. Viele Menschen fühlen sich im Umgang mit Gewalt oft hilflos und ohnmächtig.

Benediktinerpater Jonathan Düring plädiert in seinem Buch für einen neuen Umgang mit Gewalt. Er stellt dazu die asiatische Selbstverteidigungskunst Aikido in Zusammenhang mit der christlichen Bergpredigt und zeigt dadurch Methoden auf, das eigene Bewusstsein zu verändern, das Selbstwertgefühl zu fördern und Flexibilität, Kreativität und Mobilität zu steigern.

Vier-Türme-Verlag, 97359 Abtei Münsterschwarzach
Telefon 09324 / 20 292, Telefax 09324 / 20 495
Bestellmail: info@vier-tuerme.de
www.vier-tuerme-verlag.de

Auf der Spurensuche nach der historischen Person Jesus

Klaus-Stefan Krieger
Was sagte Jesus wirklich?
Die Botschaft der Spruchquelle „Q"

143 Seiten, broschiert
ISBN 978-3-87868-641-5

Die Bibelforschung kennt als Grundlage für das Lukas- und Matthäus-Evangelium die sogenannte Spruchquelle „Q". Leicht verständlich erklärt Klaus-Stefan Krieger die neuesten Erkenntnisse über den Inhalt und den geschichtlichen Hintergrund dieser Texte, eine Sammlung von Aussprüchen Jesu, die von einem internationalen Expertenteam rekonstruiert wurde.

Den Schwerpunkt des Buches bilden jedoch die Botschaft Jesu und seine Persönlichkeit vor dem Hintergrund dieser Texte. Hier stößt er auf einen Jesus, der sich selbst als Menschensohn und nicht als Sohn Gottes bezeichnet, der als Prophet und nicht als Messias auftritt. Vor dem Hintergrund der gesellschaftlichen und politischen Situation im damaligen Israel sind die Worte Jesu radikal gesellschaftskritisch: „Jesus fordert uns klar auf, Stellung zu beziehen. Seine Worte sind ein eindeutiges Plädoyer für Gewaltfreiheit."

Vier-Türme-Verlag, 97359 Abtei Münsterschwarzach
Telefon 09324 / 20 292, Telefax 09324 / 20 495
Bestellmail: info@vier-tuerme.de
www.vier-tuerme-verlag.de